RESILIENTES

ANGEL JOEL MÉNDEZ LÓPEZ

A MIS QUERIDOS HIJOS **BRAYSON** y **BENOIT MÉNDEZ**. Son el máximo sentido de mi vida.

PERDÓNENME PORQUE NO LES HAYA DEDICADO TODO EL TIEMPO QUE HUBIESE QUERIDO, MIENTRAS INTENTO LABRARLES UN FUTURO QUE NI SIQUIERA USTEDES HAN ESCOGIDO.

LOS AMA INFINITAMENTE, VUESTRO PAPI

SOBRE EL AUTOR

ANGEL JOEL MÉNDEZ LÓPEZ*: Cubano de origen, reside desde 2008 en España. Licenciado en Psicología, Licenciado en Derecho, Graduado en Trabajo Social, Máster en Desarrollo Comunitario, Programa Doctoral en Ciencias Sociológicas con salida en Desarrollo Comunitario. Doctor en Cooperación al Desarrollo por la Universitat de Valencia en el año 2012. Doctor en Ciencias Sociales por la Universitat de Valencia en el año 2016. Profesor de la Universitat de Valencia. Emprendedor y especialista en desarrollo humano. Persona comprometida con su tiempo histórico.*

AGRADECIMIENTOS Y MENSAJE NECESARIO

Cuando hayas terminado de leer este libro y si consideras que estas páginas te han aportado algo, te pido por favor, que dejes una pequeña RESEÑA o un COMENTARIO honesto en Amazon. No te llevará más de tres minutos hacerlo y de esta forma, otras personas podrán saber a través de ti, qué pueden esperar con esta obra.

Agradezco sinceramente tu confianza por adquirir este libro y quiero que sepas que estoy a tu disposición, para lo que consideres oportuno. Si quieres contactarme personalmente, mi correo es oelopez1975@yahoo.es

MUCHAS GRACIAS Y QUE TENGAS UN DÍA FELIZ

PRESENTACIÓN

A pesar de las adversidades, a pesar del dolor y la angustia y a pesar de las miserias que nos acompañan, la vida siempre nos permite elevarnos alto, bien alto, como los cometas que exploran otros universos y como las aves que atraviesan infinitos océanos y largos mares.

No importa cuán bajo caigamos, no importa los porrazos que nos demos, siempre contamos con la capacidad para erguir la cabeza y para salir reforzados, hacia adelante.

Por supuesto que, existen personas que parecen tener una mayor capacidad de resiliencia que otros, pero en el fondo y dependiendo de disímiles aristas, cada quien puede refundar su vida, cada cual será capaz de intentarlo y muchos de aquellos que lo intenten, lograrán encumbrar una realidad enriquecedora, como salida de la nada y, tal vez, cuando nadie lo esperaba.

Barreras que superar siempre habrá; desdichas y piedras en el camino nunca faltarán. Trabas, procedimientos, leyes, prejuicios y estereotipos, siempre marcarán insistentemente nuestro trayecto; a veces, lo harán de manera más relevante y en otras ocasiones, de forma sutil, aparencial o indirecta.

Se nos asomarán por el horizonte, eventos significativamente negativos y, otras veces, seremos víctimas directas de verdaderos dramas, que nos colocarán en una situación límite.

En ocasiones, seremos nosotras mismas quienes le daremos el valor correspondiente a esas influencias, que se asoman a nuestras vidas cotidianas y hasta habrá instantes en que valoraremos erróneamente las formas en que se expresan dichas influencias.

De todo habrá en el mundo de la vida y por eso tendríamos que prepararnos del mejor modo posible, porque si bien la vida es grandeza y posibilitación, también es carencia, miseria y dolor. Como mismo la vida es, esperanza y luminosidad, habrá muchos instantes en los que la oscuridad y la malevolencia se asienten en nuestro radio de acción, nos rocen y nos hieran.

Las personas resilientes, sobre las que versa este libro, saben que este es el estado natural de la existencia: el movimiento, el cambio, los dinamismos, la incertidumbre, la transformación, las contradicciones, las negaciones, la dialéctica, las búsquedas y los sinsentidos.

Todo puede encontrar expresión en el mundo de la vida y cada cosa puede resultar notoria y, a veces, hasta convertirse en trascendental. Lo importante, al final del camino, siempre será nuestra actitud y nuestro posicionamiento crítico, nuestra expresión más genuina y nuestra capacidad para hacer frente a lo que nos sucede.

Las personas resilientes aprenden, de la experiencia de vida, que la estabilidad nunca es fija, que lo estático no existe y que, incluso hasta los equilibrios, son dinámicos, ajustables, moldeables y por, sobre todo, siempre son actualizables.

Las personas resilientes no se dejan vencer por las apariencias; tampoco por los deberías o por el qué dirán. Las personas resilientes, tratan de funcionar lo más libre y autónomamente posible. Las personas resilientes, siempre avanzan, a pesar de los pesares: a pesar de los fracasos, a pesar de las derrotas, a pesar de los límites y a pesar de las ataduras.

Las personas resilientes, siempre se proponen cumplir con sus sueños y siempre avanzan hacia la materialización de los mismos. Para ellos, nada está vedado; para ellas, los imposibles no existen. Tienen confianza y fe ciega en sus capacidades, desarrollan los métodos efectivos para alcanzar sus propósitos y avanzan sin rechistar siquiera, a pesar de los avatares.

Somos, como individuos en permanente actualización, una fuente de vida, de paz, de amor, de ilusión, de inteligencia, de creatividad y de felicidad. Somos también positividad, creatividad, posibilidad y debemos encontrar las mejores maneras y los atributos más ilustrados, para poner en valor, todas esas cualidades que constituyen nuestro ser y a las que les hemos vedado la entrada en nuestro mundo personal y social significativo.

Debemos darle un sentido pleno a nuestras vidas, partiendo de nuestra propia realidad y de las estructuras que favorecen nuestro crecimiento: motivación, intereses, aspiraciones, creencias, tendencias orientadoras de nuestra personalidad, sentidos subjetivos, convicciones.

Son, estas y otras cualidades, valores y principios afines, las que nos permitirán salir de las noches más oscuras y hacer frente, con dignidad, a una vida que debe cargarse de sentido, aunque dicho sentido tenga que encontrarse en los espacios menos notorios o más insospechados.

Las personas resilientes, logran desarrollar una elevada capacidad de sobreponerse a los fracasos. El fracaso o el no-éxito parcial o transitorio, en un determinado momento de nuestra existencia, para ellos es solo un eslabón, que les permitirá arribar a una nueva conclusión o a una respuesta alternativa a la preconcebida o a la <u>normalmente</u> esperada; también, les posibilitará adentrarse en una nueva dirección, para encontrar las soluciones precisas, ante determinada situación.

Las personas resilientes, asumen el fracaso como algo natural y lógico e incluso, como un factor o como un aspecto necesario para producir saltos cualitativos en nuestro crecimiento, en nuestras formas de ver el mundo y también, en el modo en el que logramos posicionarnos ante este.

Nuestra actitud ante el fracaso, habla mucho y con gran fidelidad, de lo que somos y de las formas en que concebimos la vida. Los modos a través de los cuales avistamos y afrontamos los errores, las derrotas, las pérdidas y los fracasos, dice mucho también, de lo que somos como individuos y de forma simultánea, de lo que somos como colectivo humano.

Es por ello que, las personas resilientes, manifiestan una actitud positiva ante la vida en sentido general y ante la cara menos deseada de la misma. Ellas saben que, existen muchas circunstancias y situaciones que no pueden controlar, pero también son sabedores y conocedoras, de que pueden siempre provocar una mirada y una acción apreciativa y constructiva de lo que sucede a su alrededor. Confían en su actitud y la enriquecen con una práctica totalmente coherente con la misma y ello, a pesar de los costes, de las dificultades y de las sombras que pululan por doquier.

No es casuístico que, las personas resilientes aprendan de los fracasos, no se predispongan negativamente ante ellos y tampoco se amilanen ante su presencia. Las personas resilientes están abiertas al cambio y a las nuevas experiencias que les depara la vida. Ellas sacan lecturas válidas, a todo aquello que les sucede o sacude y no se dejan extasiar ni por el fracaso, ni por su antítesis, el éxito.

Por todo lo anterior, he creído necesario realizar un abordaje, en el que este tipo de sujetos sean los protagonistas y los centros principales de la atención, porque tenemos mucho que aprender de ellos, porque resultan ser seres inspiradores y referenciales.

Adentrémonos pues, en este mundo tan fascinante, de aquellos individuos que logran adaptarse activa y positivamente a las circunstancias más adversas y ello, sin fragmentarse, sin resquebrajarse y sin llegar a negarse, personológicamente hablando.

PERSONALIDAD Y RESILIENCIA

La personalidad es el nivel superior de regulación del comportamiento humano. Cada quien es portador de unas características concretas, que lo hacen ser único, irrepetible y singular.

Cada ser, porta determinadas cualidades, que no tienen que ser semejantes a los caracteres y a los rasgos personológicos de otros individuos; pero, con independencia de nuestras singularidades, siempre hay patrones o tendencias, que suelen ser generales a los humanos.

Es decir, somos entes particulares, pero también, somos sujetos genéricos. En nuestra esencia específica, está contenida lo que somos, pero simultáneamente, también se denotan muchas pinceladas y aristas, que compartimos con otros seres. Entre las cualidades que pueden ser compartidas por otros individuos, se encuentra la resiliencia, precisamente.

No me cabe la menor duda de que podemos ser un determinado tipo de persona, hasta un momento concreto de nuestras vidas. Siempre estamos abiertos a la posibilidad de cambiar.

Las situaciones sociales no tienen que marcarnos de manera definitiva, en una u otra dirección. Nuestra vida puede ser vivida, sin tener que estar sujetada irremediablemente a lo que marquen las condicionantes externas.

Cada quien responde de manera muy particular a situaciones específicas de vida y no por eso son ni mejores ni peores individuos; solo son diferentes seres humanos, que actúan según sus necesidades, sus formas de ver el mundo, sus carencias, potencialidades, fortalezas, talentos, motivaciones, capacidades e intereses.

Cada persona es única y cada una de las experiencias de vida en la que nos vemos implicados, es interpretada de manera original e irrepetible por cada quien en su singularidad. Lo que para unos resulta sencillo, fácil y posible, para otras puede ser angustiante, frustrante y difícil de conseguir.

Lo que un día fue logrado por nosotras con gran facilidad, en otro momento de nuestra historia de vida, se convierte en una cuesta difícil de superar. Ello no convierte a unas personas en mejores y a otras en peores, sencillamente nos transforma en seres diferentes y, por consiguiente, nos hace responder, de manera particular, a determinadas situaciones de vida, que también son únicas a la hora de expresarse.

Para aprender a vivir, tenemos que abrirnos a la posibilidad real, de que la vida también conlleva pérdidas, desgastes, sacrificios, infortunios, imprevistos y caídas. La vida se nos ofrece en un paquete completo de situaciones, que se presentan con disímiles rostros y tienen potencialmente múltiples consecuencias, en dependencia de nuestras decisiones y de los itinerarios que recorramos.

La vida está cargada de paradojas, de entresijos, de laberintos y de obstáculos, que deben ser superados. Pero, a pesar de ello, la vida siempre nos permite ser, siempre nos abre posibilidades a la realización, siempre nos insta a superarnos. Al permitirnos ser, deberíamos aprovechar las oportunidades que nos brinda, para vivirla de mil maneras distintas.

Lo que sucedes es que, vivimos demasiado aferrados a posesiones, sueños, ideales o proyectos y muchas veces, en el itinerario de concretar los mismos, dejamos de un lado nuestras propias esencias y nuestras *conquistas* más valiosas.

Nos desprendemos de lo más valioso para vivir, nuestro ser y dejamos de ser auténticos, para simular vivir una vida que muchas veces es impropia y que otras tantas, no nos representa en absoluto.

Pero la vida, sabia como ella solo lo es, siempre nos da oportunidades para que aprendamos a vivir; lo que sucede es que le echamos en demasía el pestillo a la puerta de entrada, y desconfiamos. Al hacerlo, genéricamente hablando, le ponemos freno a los vínculos y no (nos) aceptamos; le ponemos límites a nuestras capacidades y llegamos hasta negarnos.

Aprender a vivir, implica elegir y entender lo que seamos capaces de entender, en un universo complejo, inabarcable y misterioso, que nos abre sus puertas y al que en muchas ocasiones le devolvemos con la cruz de la moneda, con el reverso de la oferta.

La persona es, en gran medida, un ser de necesidades, que solo se satisface socialmente en situaciones que lo influyen y matizan, pero a las cuales puede aportar desde una perspectiva enriquecedora, volitiva, prospectiva.

Somos seres con necesidades, pero también con capacidades, potencias y talentos y estos últimos son quienes nos guiarán hacia el enriquecimiento de nuestra personalidad, contribuyendo a enriquecer también, la sociedad en la que vivimos y de la que formamos parte inexorable.

A veces, llegamos a creer que la vida nos abandona y en ese credo simplista, nos abandonamos a nosotros mismos. Cuando nos abandonamos a nosotras mismas, podemos crear las condiciones para que el sentido vital se pierda o cuanto menos, se perciba menos intenso, en cualidades, expresiones y formas.

Somos vulnerables, tenemos conflictos, expectativas, nos frustramos, nos desesperamos y, en alguna ocasión, esas vulnerabilidades e influencias de impacto negativo, pueden cargarse o limitar la expresión de nuestra mejor versión como personalidad concreta, que potencialmente es desarrollo, capacidad y talento. También somos fuertes y confiamos, construimos, nos levantamos y aspiramos. Nos constituyen ambas dimensiones y cada una de ellas juega su papel.

La búsqueda de sentido vital, no puede confundirse con la búsqueda de artefactos, objetos y aditamentos externos. Esta búsqueda, colocada equívocamente en entes y en dimensiones externas, para supuestamente validar lo que somos como personas singulares, constituye uno de los grandes fiascos y equívocos de la felicidad y uno de los errores que con mayor frecuencia cometemos en los tiempos y espacios contemporáneos, a la hora de emprender su búsqueda o de intentar alcanzar nuestras metas y nuestros propósitos.

Lo que sucede es que, no hemos aprendido de manera definitiva, que nuestro crecimiento interno no depende irremediable ni exclusivamente de esos atributos y estímulos extrínsecos a nuestro ser, para lograr el encuentro con nosotros mismos; encuentro que nos permitirá, en mayor o menor medida, ser felices o no, darnos nacimiento o no, avanzar o quedarnos estancados en las mismas dinámicas y situaciones de casi siempre.

El sentido de la vida va ligado a la calidad de vida, al modo de vida y al proyecto de vida, que seamos capaces de desarrollar las personas, en nuestro proceso de auto-constitución, como seres humanos plenos. Cada una de estas dimensiones, tiene que ver con las capacidades que logremos desarrollar, en los recorridos e itinerarios que nos permitirán convertirnos simultáneamente, en individuos singulares y genéricos.

Pero, para convertirnos en verdaderos seres humanos, tenemos que descubrir las claves que configuran nuestra propia naturaleza humana: una naturaleza que es vida, que es amor, libertad, necesidad y posibilidad. Una naturaleza, que no se puede hacer depender exclusivamente de las múltiples formas en que se expresa y refracta lo exterior; una naturaleza que no nos puede abocar irremediablemente al sufrimiento, a la ansiedad, a la ignorancia o al vacío.

Una naturaleza, que se forja fundamentalmente desde el interior, requiriendo por tanto, una mirada intrínseca e introspectivamente profunda que, muchas veces aplazamos y que, otras tantas, ni siquiera nos planteamos en nuestro horizonte de posibilidades.

Si lo exterior también es consecuencia y resultante compleja de las formas expresivas de lo interior, entonces puede modificarse tanto el mundo externo en el que me desenvuelvo como persona concreta, como el mundo interno que me convierte en lo que soy, aceptando siempre que, soy mucho más de lo que creo ser y de lo que otros me dicen que sea. Eso también es resiliencia; ir más allá de lo aparentemente pautado.

Desde que nacemos, nos están *preparando para la vida*, pero tal vez no nos preparan para la vida en su sentido pleno, sino para lo que determinadas estructuras sociales e intereses particulares, han definido como más prioritario <u>vivir</u>.

Cuando existen *prioridades definidas*, otros asuntos, aparentemente <u>menos prioritarios</u>, se dejan de considerar y entre los temas que menos valor han tenido para las estructuras dominantes históricamente, se encuentran los relacionados con las emociones y con dotar a las personas de proyectos de vida de alto vuelo, que les posibiliten autorrealizarse y ser auténticamente felices.

Pudiéramos decir que, el descubrimiento siempre ha sido buscado fuera de nuestras fronteras y de nuestros límites individuales, fuera de nuestras estructuras personológicas. Ello no fuera tan malo en sí, sí con su búsqueda también se consideraran otros factores, áreas y espacios vitales, que dignifiquen los proyectos de vida de las personas en su devenir histórico.

Dignificar los proyectos de vida individuales, es reconocer que cada quien puede encontrar las herramientas y los soportes necesarios, para acceder a su realización concreta y a su dignificación singular.

Pero, en el amplio espectro de lo social, nada es sencillo. El proceso de emancipación personal es complejo, enrevesado, contradictorio, aunque totalmente necesario y posible. Es complejo, porque depende de múltiples factores y de mediaciones sociales, culturales, históricas, ideológicas y políticas, las cuales matizan las formas humanas de comportarnos y también, de decidir.

Desde bien pequeño, nos enseñan que somos seres racionales, que en el pensamiento se encuentra nuestra máxima para poder funcionar, para poder avanzar en la vida y para construir realidades diferentes, a las que nos han legado nuestros antecesores.

Desde bien pequeños, nos preparan para que pensemos, para que reflexionemos y para que desarrollemos nuestras funciones psíquicas superiores (memoria, atención, concentración, razonamiento, pensamiento...).

Todo a nuestro alrededor, parece estar diseñado para que seamos *inteligentes*, para que seamos *listos* y para que respondamos con eficacia y eficiencia, a eso que se espera de nosotros.

Desde bien pequeños, ya tenemos que demostrar a los demás, que somos válidos y esta demostración tiene muchas veces costes demasiado elevados, pero poco nos preparan para la vida y para afrontar constructiva y funcionalmente, las trabas que debemos superar a lo largo de nuestra existencia.

En este contexto de contradicciones e indiferencias marcadas, cobran cuerpo las rupturas y las extrapolaciones, a veces obscenas. En el ser humano de hoy, se produce muy comúnmente un desfasaje entre los procesos emocionales y los intelectuales y eso hace que se rompan los equilibrios.

Al romperse el equilibrio con los componentes emocionales, nuestros pensamientos también se resienten y pierden efectividad e impacto, lógica y coherencia. Este resentimiento se irradia por cada capa de nuestra personalidad, de nuestras capacidades y de nuestras búsquedas.

Cuando se produce este resentimiento, podemos quedarnos a la deriva. Precisamente, uno de los problemas más acuciantes de las personas y de las colectividades actualmente existentes, es la ausencia de referentes, la incapacidad de construir proyectos sólidos que reconduzcan nuestros sentidos vitales.

Pero, a pesar de todo lo anteriormente reseñado, tengo el firme convencimiento de que las personas pueden desarrollar proyectos de vida de alto vuelo y aportar a la co-estructuración de proyectos colectivos; pueden cambiar y renovarse, pueden contribuir a la restauración de la verdad ética, pueden rescatar nuevos valores culturales que le ayuden a crecer en nuevos contextos socio-históricos, construidos desde abajo y desde dentro, pueden convertirse en sujetos gestores de una nueva civilización superior, humanamente hablando. Las personas pueden ser resilientes.

Las personas tienen derecho a elegir sus tiempos y a asumir la libertad de sus actos; no tienen que someterse a lo que dictan las normas y los patrones externos. La sociedad tiene que aprender a respetar los terrenos de la libertad personal; solo así podremos actuar desde la creatividad, desde la libertad y la responsabilidad.

Tenemos el derecho a permitirnos el lujo de equivocarnos y ello implica un mejor re-conocimiento de nuestros estados internos, de nuestros procesos psíquicos. El estar bien con uno mismo, va a repercutir en las acciones con los demás.

Primero, deberíamos tratar de estar bien con nosotras mismas, para luego intentar *salvar* "al mundo que nos rodea", insertándonos activa, creativa y emancipadoramente en el mismo.

Si, a su vez, logramos estar en armonía con lo que nos rodea, pues contamos con la base material necesaria, para impulsar al máximo de lo posible, tanto lo que nos define a título individual, como aquello que logra marcar nuestra singularidad.

En la medida (en) que logremos concientizar, cuáles son nuestras capacidades nucleares y nos dispongamos a desarrollarlas efectivamente, estaremos creando las condiciones básicas, para adentrarnos en los mares de la autorrealización personal y, por consiguiente, para facilitar esas situaciones de vida, que nos pueden convertir en personas felices, realizadas y más inteligentes, en el sentido amplio del término.

Quien no se rinde y quien se levanta ante las adversidades, triunfa. El enfrentamiento no es sencillo, nunca lo ha sido y nunca lo será. La fortuna sonreirá a los que perseveren y yo quiero ser uno de ellos. Me gustaría que te integraras en el empeño; las puertas están abiertas y hay sitios para todos.

APRENDIZAJE Y RESILIENCIA

La vida nos da constantemente nuevas oportunidades para ser, para reconstituirnos como seres capaces de enriquecer nuestros proyectos vitales y nuestras formas de presentarnos en el marco de lo social, como personas plenas, capaces y prospectivas que, al menos en potencia, somos.

La vida siempre nos da alternativas para encontrar lo mejor de nuestras capacidades, talentos y posibilidades. La vida nos permite construir nuestras propias versiones y arquitecturas de la felicidad y ello implica una manera más funcional de reorganizarla, de redefinirla y de revitalizarla.

Aprender a vivir más plenamente ante las pérdidas, ante las caídas y ante los equívocos; aprender a vivir siendo sujetos más abiertos y flexibles a los aprendizajes y a las búsquedas, se torna en un acto nuclear para seguir avanzando, para seguir reconociéndonos y para continuar capacitándonos, en este transitar incesante que nos plantea la existencia humana, con todas sus fisuras y elucubraciones, con todas sus bondades y perversidades.

La vida nos inspira educarnos, cultivarnos y transformar nuestra mentalidad constantemente. No hay que aplazar las lecciones vitales; debemos abrirnos a ellas.

Debemos penetrar los espacios sociales, con la máxima intensidad y lucidez que seamos capaces de alcanzar; debemos dejarnos penetrar por la vida, con la máxima transparencia que seamos capaces de asumir, humana, ética y cívicamente.

La vida nos da alternativas y nos crea oportunidades para que avancemos; avanzar es descubrir nuevos escenarios, mientras construimos formas superiores de elegir vivir en plenitud, en equilibrio y en autenticidad, aunque no siempre lo logremos a ras de suelo.

La vida nos da posibilidades reiteradas, para intentar y a veces los intentos llevan (o traen) consigo, actos de desaprendizaje, para volver a re-aprender, para volver a re-construir, para seguir configurando lo que somos. Las personas resilientes, son individuos abiertos al cambio y quienes se abren al cambio, re-aprenden y re-construyen y lo hacen de manera permanente.

La vida nos insta a superar-nos, a crecer y a enfrentar-nos (a situaciones que marca la propia vida). La vida nos insta a cambiar, a no estancarnos en circunstancias fijas. Somos vida y la vida es cambio; el cambio es posibilitación de la vida y la vida es vida también, porque es cambio, movimiento que va cobrando forma y sentido, mientras se concreta y se hace sentir, expresándose de disímiles formas.

Las personas resilientes, son aquellas que logran reafirmar lo que son, con independencia de lo que les sucede. Son individuos fuertes y equilibrados emocional y mentalmente, soportan mayor presión y un estrés más fuerte, pero lo logran hacer porque han aprendido, porque han logrado gestionar lo que les ha sucedido, de un modo estimulante o, cuanto menos, no catastrofista.

En síntesis, son aquellos que, a pesar de las vicisitudes a las que se han visto sometidas, han logrado erguir la cabeza y salir hacia delante.

Como venia diciendo más arriba, el cambio crea y recrea nuevas circunstancias que nos permiten descubrir-nos siendo, desaprendiendo y reaprendiendo, cayendo y levantándonos, descendiendo y siendo nuevamente.

La vida siempre nos permite ser y nos permite rehacer-nos. Esa es la vida y así hay que entenderla; así hay que vivirla y, en la medida de las posibilidades, así hay que darle sentido, aun cuando parezca que dicho sentido no es posible de encontrar.

No tenemos que hacer del dolor, de la frustración, del fracaso ni de la derrota, las principales razones y las motivaciones más intensas para cambiar. Podemos tomarnos la vida en serio, inclusive mucho antes de que se expresen estas situaciones negativas o gravosas; pero, si llegasen a manifestarse, también podemos iluminar nuevas realidades, inclusive, desde los parajes más lúgubres.

Podemos ocuparnos de nuestro desarrollo personal, sin que la vida nos dé pretextos para abrirnos al cambio y sin que la vida nos ponga trabas. Debemos, más bien, no poner tantas excusas en el espacio de lo social y re-marcar este último, al igual que colmarlo, de un horizonte de posibilitación, que siempre resplandezca y centellee, que siembre más esperanzas que dudas, más oportunidades que recelos.

Paul Hannam nos recuerda que *nuestra realidad también limita nuestra experiencia, cuando nos mantiene encerrados en unas pautas repetitivas que impiden el crecimiento y el progreso. Cada día nos vemos atrapados en nuestra biografía como personajes pasivos y previsibles. Si miramos con más atención, descubrimos que nuestra biografía explica por qué somos infelices o no conseguimos lo que queremos. Después de todo somos autores de nuestra propia realidad. De esta manera permanecemos realmente atrapados en el pasado...*

La vida nos da señales, lecciones y oportunidades constantemente, para darnos nacimiento. A lo largo de la vida, nos encontramos maestros, escenarios y situaciones para ser y para encontrar nuestros límites, siendo.

La vida siempre da posibilidades para ser y ser implica manejar-nos en-tre pérdidas y conquistas, en-tre ascensos y descensos, entre atascos y libertades. Podemos intentar ser y crecer en cada uno de los escenarios y exigencias que nos plantee la vida.

Eso es ser resilientes. Ser resilientes es emitir una respuesta, con independencia de. Una respuesta adaptativa y también, con una base de positividad y optimismo, ante cualquier situación o circunstancia, por muy lacerante o dañina que sea esta.

La vida nos exige y siempre podemos responderle; podemos exigirle a la vida y ella siempre nos habilita-rá posibilidades para ser, en el proceso de nuestro propio autodescubrimiento.

La vida nos permite aprehender y desprender-nos, aprender y desaprender. La vida nos permite ir madurando y vamos madurando cuando aceptamos a los demás tal y cual son y cuando nos aceptamos a nosotros mismos, siendo en relación con esos otros, tal y como son.

Aceptarnos, es asumir la plenitud de lo que somos, en las diversas perspectivas y dimensiones de (nuestro) ser. Aceptarnos, es asumirnos como entes agridulces, con bondades y negatividad-es, como plenitud y contradicción.

El mundo al que pertenecemos, es un escenario fructífero para aprender y aprender no es solo un acto cognoscitivo: para aprender a disfrutar de la vida y sus tesoros, para aprender de los tropiezos, para buscar alternativas mientras vamos siendo, para aprender en toda la dimensionalidad y complejidad de la vida.

La vida, en sí misma, nunca se simplifica; siempre (nos) aporta. Hasta el último suspiro, asistimos a clases vitales de importancia cardinal, de trascendencia y relevancia única. El curso de la vida, siempre nos da oportunidades para ser y en el camino de ser, superamos constantemente nuevos retos, que nos plantea la existencia. Uno de los grandes retos a los que tenemos que hacer frente constantemente, es al de desaprender.

Constantemente, estamos confrontando nuestras formas de ser, de conducirnos en sociedad, de hacernos partícipes del universo colectivo. Constantemente, estamos yendo a lo más profundo de nuestro ser; a veces, sin darnos cuenta y otras veces incluso, negándonos.

El ser humano es simultáneamente lo que es y su opuesto; es un camino que se recorre y no cesa de intentar recorrerse. Es lo que es y también, en algún sentido, es lo que le contraría. Por eso precisamente es que, de las situaciones más desfavorables o más perjudiciales, logra sacar las lecturas y los aprendizajes más reveladores. Por eso es un ser resiliente, al menos en potencia.

En todo este entramado, el acto de desaprender es clave para resignificar nuestra forma enriquecida de reencontrarnos con lo más pleno de lo que somos y lo repito, para no olvidarlo nunca: también somos mientras aprendemos.

No solo somos víctimas de las circunstancias, también somos recreadores de dichas circunstancias y ello nos convierte fundamentalmente en seres activos, actuantes, significantes, resilientes, aunque a veces neguemos este particular o no logremos alcanzar todo el marco de posibilitación, que tiene de fondo dichas expresiones.

La vida es un reto constante a la existencia y todo reto existencial requiere de nuestra máxima flexibilidad e implicación, para convertirnos en sujetos plenos de hecho, mientras nos transformamos en personas humanas.

Aprender a vivir es, posiblemente, el mayor reto al que tengamos que enfrentarnos los seres humanos. Te podrás decir que estoy errado, porque a simple vista es muy sencillo vivir; solo es cuestión del día a día, de dejarnos llevar por las circunstancias, de ver amanecer o anochecer y de respirar...

Pero nos referimos aquí, a una forma de vivir, que no solo centra la satisfacción de las necesidades básicas para ser, sino que pretende aportar, generar, gestar, emanar, proyectar, crear, construir...

Me refiero a un aprendizaje, que no solo se quede en <u>pasar los días</u> como si fuesen *algo* descafeinado, sin sentido o rutinario. Me refiero a vivir con un mínimo de dignidad, que se traduzca en la construcción de proyectos de vida, capaces de saborear y disfrutar de lo que significa auténticamente vivir. Y ello, sin importar condiciones, situaciones o adversidades.

Por supuesto que se puede interpretar de múltiples formas lo que digo y no quiero delimitar de manera rígida lo que pretendo matizar, pero para mí no basta con respirar, comer, tener sexo o dormir, para decir que vivimos; para mí, vivir va más allá de estas necesidades básicas e imprescindibles.

Para mí, vivir requiere de un mínimo de conciencia y proyección vital, que nos haga ser lo más humanos posibles, en un escenario social, histórico y cultural, que nos exige y nos aporta, que nos requiere y al que le aportamos multidimensionalmente.

Guardamos en sitios escondidos, demasiadas cualidades, a las que no hemos sido capaces de abrirle las puertas, para que vean la luz en nuestro día a día. De forma que, no logramos desarrollar toda la amplia gama de potencialidades que *poseemos* para proyectarnos con todo nuestro ser.

Es decir, no hemos aprendido a vivir con la plenitud de lo que somos; apenas funcionamos con pequeñas pinceladas o con meras porciones de lo que constituye en puridad nuestro auténtico ser: ser particular, único e irrepetible, cargado de positividad, de capacidades y también, de recursos personales, que muchas veces no son tenidos en consideración.

Si todas somos diferentes y cada situación social de existencia de (nuestra) vida también lo es, entonces las resultantes derivadas de la compleja y dinámica relación entre lo que somos y las influencias sociales que nos marcan como singularidad, tienen un matiz único e irrepetible.

Comprender este particular anterior, es importante, para entender no solo lo que es la vida, sino también para construir las formas a través de las cuales esta cobra sentido y significación.

Existimos, aunque muchas ocasiones no aprendemos a vivir. Lo peor de todo es que constantemente ponemos excusas y pretextos, para encontrar a un culpable, que sea responsabilizado de/por nuestras incapacidades para dar nacimiento al fondo de lo que somos.

Para poder aprender a vivir, necesitamos abrirnos incondicional y transparentemente al misterio de nuestro común compartir (gozo y sufrimiento), para encontrarnos en un mundo nuevo, construido sobre las bases del amor.

Aprender a vivir sobre las bases del amor, requiere buscar la profunda verdad de aquello que nos conforma, de aquello que nos convierte en lo que somos; reitero, la vida siempre nos permite ser y en ese proceso de autoconstitución, es donde personalmente elijo el camino del amor, de aportar, de implicarme, de construir..., para ser mejor y sencillamente para aprender a vivir; en síntesis, para expresar lo mejor y más nutricio de nuestra esencial Humanidad, que también puede encontrar reflejo en cada una de las personas.

Para Enrique Rojas, *amar es comprender, disculpar, hacer la vida agradable a los demás con detalles pequeños, poner lo mejor de uno mismo para facilitar la convivencia... El mundo del amor forma un complejo sistema de referentes, remitentes y preferentes, que han de desvelar el común deseo de saber y entender, pero buscando la verdad sobre los hombres; lo auténtico sobre lo que son, lo que significan y las consecuencias de los sentimientos. Porque los mercaderes del templo venden el amor rebajado y cambiando su género... Este amor del que hablamos es extender el yo hacia el tú para formar un nosotros; una asimilación con la otra persona.*

Extendiendo esta reflexión hacia la magnitud del vivir, nos colocaríamos en la siguiente tesitura: vivir no es solo pensar en el momento presente; vivir es abrirnos al devenir, nutriéndonos de nuestras marcas históricas, que conforman todo el núcleo de lo que somos como seres transformados y transformadores. Es este y no otro, el momento preciso, para aprender y desarrollarnos.

AUTOCONFIANZA Y RESILIENCIA

Cuando una persona está convencida de algo, es muy difícil detenerla hacia la consecución de ese fin. Cuando una persona visualiza una meta y se propone recorrer el trayecto hacia la misma, es muy difícil impedir su marcha hacia la Tierra prometida.

El convencimiento es una basa fundamental para alcanzar los sueños, para seguir andando y para continuar arribando a esos puertos necesarios, de los que gusto hablar a menudo. Cada puerto al que se llega, es un inicio en potencia hacia otro destino posible, que a la vez también se torna necesario, para continuar enriqueciendo nuestro itinerario de vida. Y así fluye la vida, entre ires y venires, entre andanzas y propósitos, entre valles y montañas, entre ríos que desembocan en el mar, pero también entre algunas aguas albañales, que apestan el latir cotidiano y contaminan nuestras dinámicas.

Esa es la vida, zarpar constantemente hacia nuevos destinos, emprender viajes recurrentes hacia nuevas Indias, que nos permitirán mezclar y entrelazar, encontrar, descubrir e integrar. Esa es la vida, un espacio fecundo en el que se tejen y vitalizan historias significativas. Cuando una persona está clara de lo que quiere, no hay nada ni nadie que la detenga: insiste, persevera, se corrige, se levanta, se impone, rectifica, aprende, incorpora.

Las personas resilientes, cuando están convencidas de algo, son imposibles de detener, porque dicho convencimiento se entronca y conecta con una necesaria capacidad para tomar los atajos más básicos en el camino a recorrer, para acertar en las decisiones más pertinentes y también, para adentrarse en las lógicas mejor marcadas y construidas.

Las personas resilientes, funcionan sobre la base de las creencias sólidas y también de las convicciones enraizadas; esas que precisamente les han permitido (y les permitirán) continuar siendo del mejor modo en que saben ser: emprendedores, capaces, inspiradores, audaces e inteligentes.

Cuando valoras las *cosas*, mereces *cosas*. Cuando valoras la vida, mereces que la vida también te haga merecedor de oportunidades, para continuar viviéndola del mejor modo que sepas capaz de hacerlo y ello, sin dañar ni obstaculizar la vida de los demás.

No es necesario poner trabas al desarrollo de los Otros, para alcanzar nuestro máximo potencial; las personas resilientes saben muy bien a qué me refiero; ellas se sacrifican y también, se ajustan activa y dinámicamente a la realidad.

Ser merecedor es importante, como también lo es valorar correctamente que serlo, no es un don divino ni una consecuencia lineal o definitiva, de un hechizo mágico; es un arduo trabajo del día a día, una empresa que se puede tornar compleja, por la amplitud de factores que incorpora.

Ser merecedor de algo, tampoco nos garantiza que lo alcancemos o que, si logramos alcanzarlo, lo podamos mantener. La vida, en este tipo de sentido, dista mucho de ser justa.

No obstante, a ello, cuando aprendemos a utilizar las oportunidades que nos facilita el día a día, para convertirnos en mejores seres humanos, vamos dando pequeños, pero significativos pasos, hacia la consecución de nuestras metas y de nuestras prioridades.

Las personas resilientes, valoran correctamente lo que la vida les provee. Ellos y ellas saben que el hecho de vivir ya es una bendición en sí misma, es una oportunidad que no debe ser despreciada o minimizada bajo ningún concepto.

Ellas y ellos dan valor a lo que les rodea, como se lo dan a lo que alcanzan o a lo que son; incluso le dan el valor justo a lo que han dejado de ser, pero que, en determinado momento de su historia, también les he permitido emprender el viaje. Tienen una perspectiva de vida abierta, profunda e interiorizadamente crítica.

Las personas resilientes valoran lo que son, valoran lo que reciben y también dan, porque saben que dando y compartiendo, la vida les reciproca, les devuelve, les gratifica. Pero no siempre dan para esperar algo a cambio, sino que han hecho del altruismo, de la donación y de la entrega incondicional, aspectos clave de su ser: de su ser humano que es también bondad, cooperación, apoyo mutuo y reciprocidad permanente.

CONCIENCIA CRÍTICA Y RESILIENCIA

Las personas resilientes tienen una gran conciencia crítica: conciencia de sí mismas y conciencia de lo que les rodea. Conciencia de sí mismas, para rectificar sus errores y también, para potenciarse desde disímiles planos del desarrollo (tanto personal como colectivo).

Conciencia de sí mismas, para trazarse metas y para cumplirlas. Conciencia de sí mismas, para avanzar, para corregir situaciones adversas y para dotar de sentido su vida y ello, pese a las trabas y a los inconvenientes naturales que la vida les coloca en el camino que recorren.

Las personas resilientes, tienen una elevada conciencia de lo que les rodea. No permanecen incólumes o ajenos a lo exterior. Su conciencia es crítica, problematizadora y reflexiva; no son ingenuos, son actuantes. Lo que experimentan, les influye y lo incorporan a su entramado personal, cargado este de efectivas estrategias de afrontamiento.

Para este tipo de individuos, pocas son las cosas que suceden al azar. Tampoco son simplistas que consideran que la causa y el efecto, se dan de manera lineal en cada acto humano. Entienden que cada proceso es multifactorial, complejo y que siempre hay varias causas interactuando dinámicamente, para que se produzca un determinado resultado.

Sus inteligencias y sus capacidades, les permiten, a este tipo de personas resilientes, potenciarse más y mejor y en ese marco de potenciación, la voluntariedad ocupa un papel relevante.

Las personas resilientes se esfuerzan por ser cada vez, más y mejor inteligentes, más y mejor resilientes y ello, sin que necesariamente sepan en qué consisten dichos términos de forma acabada. Es, más bien, una cuestión de filosofía de vida que, casualmente o no, coincide con sus aspiraciones y con sus posicionamientos vitales.

No se quedan a gustito en su zona de confort, no se conforman con dar determinados pasos o alcanzar objetivos muy básicos; las personas resilientes gustan de ir siempre más allá: más allá de lo pautado, más allá de lo aceptado, más allá de lo previsto a priori y ello, sin importar costes o consecuencias.

Y es que, este tipo de individuos son inconformistas natos, buscadores empedernidos y por, sobre todo, perseverantes y voluntariosas. Las personas resilientes son auto-disciplinadas, con una fuerza interior inquebrantable y con una sólida convicción en lo que quieren: ser, lograr, construir, revertir, continuar, cambiar, imponerse, triunfar.

Nadie será capaz de descubrir lo que genuinamente es, si no se adentra en el viaje interno, desde una perspectiva donde el raciocinio se haga patente y más que patente, donde el raciocinio cope la mayor cantidad de praderas y bosques posibles.

Si hemos decidido ir hacia el encuentro con lo que somos, no podemos hacerlo minimizados, ni expoliados, no podemos hacerlo en plan rémora o empobrecidos espiritualmente. Ir hacia el encuentro auténtico con lo que somos, es un complicado, pero necesario viaje que, si bien puede estar cargado de acertijos que deben resolverse, tiene que emprenderse, por antonomasia, desde la reafirmación, desde el robustecimiento y desde el vigor.

Nunca puede hacerse el viaje hacia lo más intrincado de nuestro ser, desde la negación, desde el debilitamiento o desde la carestía. Más bien, debe emprenderse desde el ánimo, desde la confortabilidad y desde el refuerzo positivo.

Debe hacerse desde la consciencia y me atrevería a decir que lo ideal sería hacerlo, pero dando un paso más allá de la mera consciencia; es decir, lo ideal sería hacerlo desde una consciencia que sea crítica, ilustrativa, actuante, comprometida y superior, cualitativamente hablando.

Autodescubrimiento y consciencia crítica van de la mano y van de la mano porque no puedo viajar hacia mi intríngulis personal de forma fatua o verborreica, de modo reactivo o meramente elemental. Al encuentro con lo que somos, tenemos que acercarnos multilateralmente, tenemos que aventurarnos en plan integral, desde la coherencia, desde la búsqueda de sentido, desde la lógica más elaborada y desde la criticidad. A su vez, consciencia crítica y resiliencia, también se entretejen y se engranan.

No podemos continuar mal-viviendo con esas breves porciones de lo que nos conforma. No podemos continuar viajando en clase turista, cuando podemos viajar en clase premium. No podemos continuar mal-viviendo de migajas, cuando en realidad nos merecemos un futuro ilusionante y todo lo que este nos ofrezca.

Tenemos que ofrecernos y permitirnos la oportunidad de aventurarnos hacia un futuro prometedor y ello solo es posible concretarlo, conociéndonos y proyectándonos con todo nuestro ser.

No podemos hacer de lo mediocre, el estado natural de nuestra existencia. Tenemos que aspirar a la excelencia, especialmente a la excelencia humana, esa que nos mejorará y que nos proporcionará nuevas aperturas, nuevas ilusiones y renovadas energías, entre otras cosas, para continuar desarrollándonos de forma constante.

La consciencia crítica, debe-ría acompañar en todo momento, ese viaje interno hacia nuestro mundo personal. La consciencia crítica debe-ría ser nuestra mejor compañera de viaje, en esto de descubrir lo que somos y de posibilitarnos, sin límites obtusos o sin constricciones arcaicas.

Es por eso que te evoco a que, cuando sientas que es el momento de auto-descubrirte y de auto-conquistarte, lo hagas tomando y asumiendo con convicción, las armas y las amarras de tu vida, enriqueciendo las herramientas con que cuentas y dándole valor y sentido a lo que quieres. Sé inspiradora, sé ilusionante, pero también sé problematizador; sé lúcida y sé consciente.

AUTOCONOCIMIENTO Y RESILIENCIA

No hay fortalecimiento posible de nuestro ser, sin un previo autoconocimiento de nuestras características personales bases. Somos, nosotras y nosotros mismos, los únicos que podemos viajar al fondo de nuestro océano personal. Nadie, fuera de nuestro ser, puede emprender este viaje; facilitarnos las condiciones o apoyarnos en el mismo, sí, pero realizar el viaje, no.

El viaje hacia nuestro autodescubrimiento es singular e irrepetible, único e indelegable; es una travesía individualizada, la que tenemos que emprender y materializar. Así que, no esperes por nadie para llevarlo a cabo. Es un viaje tan tuyo, como también es tuya la decisión de hacerlo y de hacerte mejoradamente mientras lo haces.

Nuestro destino no está predestinado. Nuestro destino no está sujetado definitivamente a. Nuestro destino, que no está destinado en absoluto, sino que está sujeto a cambio y actualización, es una construcción permanente, es un andar constante, es un devenir, es un transitar: se gesta, se hace, se re-hace, se transforma, se actualiza.

Para autodescubrirnos, es clave desarrollar una mirada interior y un diálogo personalizado contigo mismo;diálogo que jamás debe-ría desconsiderar la necesaria mirada exterior, pero que tampoco puede encerrarse, ceder o aferrarse a esta.

Es fundamental viajar sistemáticamente hacia nuestro mundo interior, para que no se nos olvide el camino, aunque las formas por medio de las cuales recorremos esos trillos y los dotamos de sentido, pueden y deben enriquecerse, variar y mejorarse.

Es verdad también que, existen muchas formas de recorrer el camino y que, cada una de ellas, es igualmente relevante o puede ser similar en sus impactos, pero, en la medida de nuestras posibilidades y de nuestras características específicas, es preciso que asumamos el papel de sujetos activos, que en verdad deberíamos tener cada día de nuestra existencia.

Nadie te puede acompañar en la aventura: esta es personal, es titularísima, es propia e indelegable. Es intransferible e individualizada tu aventura, te atañe y requiere privativamente. Sencillamente y por ello, nos corresponde en primera y también en última instancia, hacernos cargo de nosotros y de nosotras mismas.

Es, posiblemente, (el autodescubrimiento) una de las aventuras más necesarias, pero, a la vez, sea también, posiblemente, uno de los viajes que menos nos disponemos (a) emprender. Puede resultar contradictorio y, en efecto, lo es, pero en lugar de colocar el foco de atención en lo que debería ser más relevante para nuestro desarrollo (por ejemplo, apostar por nuestra capacitación y por nuestro fortalecimiento personal, definir nuestros objetivos y luchar firmemente por alcanzarlos o plantearnos estratégicamente una vida plena, donde el equilibrio, la paz y la armonía, brillen con luz propia), muchas veces hacemos exactamente lo contrario: nos incapacitamos en demasía, abordamos la vida bajo mínimos de sentido o nos negamos recurrentemente, extraviándonos y negándonos sin misericordia.

Es como si, muchas veces, no valorásemos la importancia de dedicarnos tiempo fecundo, para nuestro desarrollo más auténtico, como si no fuésemos conscientes del papel que debe tener el proceso de autoconocimiento, en toda nuestra trama vital y en todo el itinerario que debe ser recorrido, para convertirnos en las mejores personas que podamos convertirnos.

No siempre estamos dispuestos, ni a conocernos ni a darnos; no siempre estamos en la tesitura de comprometernos o de entregarnos en puridad. Más aún en los tiempos que corren, tiempos donde abundan los sujetos de nieve, donde lo etéreo prevalece y donde las distracciones alargan nuestro letargo.

Tiempo histórico, personal y social, cargado de nimiedades y de contradicciones, de antagonismos y de falacias, donde la pesadumbre se apodera de muchas de nosotras y donde la esperanza parece desaparecer, por un horizonte que resulta muchas veces ensombrecido o pueril.

Nos alejan de dicho viaje, el temor añadido que puede traer aparejado, eso o aquello, con lo que no queremos encontrarnos, aunque en el fondo sepamos que tenemos que analizar y que tenemos que refrendar ideas, refrescar lógicas y atemperar criterios aportativos, porque hay ciertas situaciones que se tornan inevitables en nuestras vidas y sin analizarlas y superarlas, no podemos avanzar.

Nos alejan de dicho viaje, esos miedos recurrentes que nos resultan incapacitantes en muchas ocasiones y que, a veces, hasta sepultan nuestras motivaciones principales.

Nos alejan de dicho viaje, los despistes que nos hacen agotar efectivamente el tiempo, mientras lo perdemos de forma impune y des-responsabilizada, de modo acrítico y desilusionante. Y así, podemos exponer, cuasi hasta el infinito, elementos y ejemplos que nos sacan del carril idóneo, por donde debería transitar nuestro vehículo existencial.

Para avanzar y patentar con ello, nuestra capacidad de ser resilientes, es muchas veces necesario mirar con criticidad al horizonte, reflexionar profundamente las causas que subyacen (en lo que somos, en lo que aspiramos y en lo que deseamos ser). Es imposible avanzar sin conocernos, sin reconocernos y menos aún, sin entregarnos de pleno.

Nadie puede experimentar por ti, lo que solo te corresponde hacer en carne propia. Así que, mientras más extiendas en el tiempo, el momento preciso para aventurarte hacia la búsqueda de tu esencia, menos posibilidades reales tendrás para darte nacimiento genuino. Y, nadie puede darse nacimiento en puridad, si no hace posible un encuentro fecundo con lo que es: este encuentro lleva tiempo, lleva valor, lleva inteligencia, lleva humildad...

Nadie puede, sin haber elaborado previamente a ciencia cierta, lo que personológicamente es, presentarse sin máscaras y sin artilugios, en el complejo y enrevesado escenario de lo social, porque el colectivo siempre detecta las fisuras de nuestra personalidad y casi nunca resulta posible engañar a quienes nos rodean.

Y, menos aún, casi nunca resulta posible autoengañarnos, aunque intentemos justificar nuestras miserias *humanas* que, dicho sea de paso, más veces de las imaginadas son las más deshumanizantes. Nuestro sometimiento al escrutinio (de lo) social, siempre da (o pide) tela por donde cortar y siempre ofrece oportunidades para que la opinión pública se exprese.

Es verdad que, la búsqueda interior a la que me refiero en esta reflexión, puede hacerse en cualquier instante de tu existencia, pero creo que cuanto antes te pongas manos a la obra en esta dirección, mucho mejor para ti (y lo mismo me aplico a mí). Cuanto antes seas capaz de mirarte críticamente por dentro y cuanto antes te emplaces hacia tu proceso de autoconocimiento, mejor.

Aplazar las decisiones necesarias, no es la alternativa más viable, en este juego (a veces perverso) donde lo social y lo personal se entrelazan, complementan y reciprocan y donde los egos, a veces, alcanzan dimensiones desorbitadas, patológicas y cuasi irreversibles. No es obligatorio dejar siempre las "cosas" importantes para otro momento en el que, tal vez, ya no estén creadas las circunstancias idóneas, para recurrir a lo más pleno de tu ser.

Y, es que siempre deberíamos empeñarnos en recurrir dignamente a lo más genuino de nuestro ser. Siempre deberíamos acercarnos al conocimiento de nuestra autoconstitución. Siempre deberíamos intentar dar por buenos, los acercamientos más profundos a nuestra personalidad.

Para encontrarte, para llamarte a la introspección, para descubrir quién eres y, por ende, para darte nacimiento en plenitud, es fundamental que te dediques tiempo y tiempo de calidad; tiempo, en el que seas el protagonista verdadero de tu historia, el actor o la actriz principal de tu obra. Tiempo, para hacerte del modo más funcional posible y tiempo, para ser esa persona mejorada, en la que aspiras (a) convertirte.

Tiempo, para encumbrarte, para renovarte, para fortalecerte, para revertir la lógica castrante que, a veces, te desnorta o te desvirtúa. Tiempo, para significar tu existencia; tiempo, para afrontar tus contradicciones dignamente, así como para elaborarlas y resolverlas con consciencia de causa y también, tiempo de cualidad suprema, para seguir proyectándote con lucidez, equilibrio y sensatez, por los mejores senderos posibles.

Las personas necesitamos estar a solas con nosotras mismas; necesitamos mirarnos por dentro. Tú necesitas estar contigo misma, como yo preciso de estar conmigo mismo, todo el tiempo que sea necesario y con el método que mejor se acomode a cada situación particular y a cada quien, en específico.

Si pretendes crecer, si aspiras a desarrollarte, si quieres potenciar todos tus talentos y si quieres definir tus rumbos existenciales, es clave que te dediques tiempo, que valores lo que eres y que refuerces tu ser.

El autodescubrimiento también implica, de alguna manera, a otras personas que nos marcan (marquen), a otros individuos con quienes nos conectamos o con quienes nos relacionamos de algún modo.

El autodescubrimiento siempre es, también y de forma complementaria, un viaje de ida y (de) vueltas con el exterior, porque es desde el exterior desde donde, también (y hacia donde, simultáneamente) retomamos y reafirmamos lo que somos. Es, en el espacio (de lo) exterior, donde se refleja nuestro ser interior y donde se hacen patentes nuestros atributos internos.

Las personas nunca somos, ni siquiera siéndolo prioritariamente, meros individuos aislados o desligados del todo que nos rodea. Las personas nunca somos simples barcas a la deriva, sino que somos, más bien, catamaranes que se cruzan por la mar y que se entrelazan, en ocasiones, cuando menos lo imaginamos.

Las personas nos necesitamos mutuamente para ser y somos lo que somos, al menos en parte también, desde la recíproca interacción, desde la cercanía y desde el respeto que nos va adentrando en los marcos de la confirmación personal. Nos confirmamos o nos negamos, por mediación de la presencia del Otro (o de muchos Otros diversos) en nuestras vidas.

Por supuesto que, lo ideal sería confirmarnos y resignificarnos desde nuestro ser más profundo, pero también se aprende de lo negado, de lo superado, de lo perdido. El ser humano es capaz de detectar innúmeras fuentes de aprendizaje y puede crecer desde todas y cada una de ellas. Eso es resiliencia.

La vida es un proceso que, aunque vivenciado de modo singular, siempre incorpora a muchos Otros diversos en sus escenarios de actuación. La vida es más y mejor, cuando somos capaces de permitirle la entrada a los diferentes-semejantes en nuestro radio de funcionamiento y acción, aunque, ni siempre es necesario que Otros atraviesen nuestras vidas, ni tampoco es preciso que esperemos a que alguien lo haga o a que algo suceda, para que decidamos actuar, en pos de nuestro fortalecimiento y de nuestra realización personal más plena. Esso también es resiliencia.

No hay que esperar por nada ni por nadie, para zarpar hacia el encuentro con lo que somos. Aun sin tener motivos justificativos marcados para hacerlo, no es obligatorio esperar por nada ni por nadie, para emprender el viaje hacia lo más intrincado de nuestro ser que, muchas veces también, se convierte en el punto de arranque hacia nuestra plasmación personal en lo social.

Es verdad que, todo viaje hacia nuestro mundo interior, lleva consigo nuestro sello individualizado y precisa de nuestro pasaporte personal, pero, no por ello, tiene que negar o desconocer el papel que los Otros han jugado, juegan y continuarán jugando, en lo que somos, cada uno de nosotros, de forma específica. Lo importante es que, no se pierda nunca el equilibrio, ni en nuestras búsquedas, ni en nuestros empeños, ni en las formas a través de las cuales entendemos la vida y lo vivido.

También es importante estar *"a solas" con los demás*, porque estándolo, me permito ser de determinado modo. Cuando aprendo a estar *"a solas" con los demás*, los tengo en consideración, los valorizo y ello, repito, sin tener que renunciar a lo que soy, ni a lo que aspiro, que de ello es en gran medida de lo que se trata esta búsqueda sistemática y recurrente, hacia lo profundo de mí ser.

AUTOESTIMA Y RESILIENCIA

Raimon Gaja nos dice, en su libro "Bienestar, Autoestima y Felicidad" que, *la autoestima es el valor o afecto que depositamos sobre nosotros mismos y que a partir de nuestra autoestima, determinamos nuestro valor como seres humanos. A mayor autoestima, más creo en mi valor como individuo y a menor autoestima, menos creo en mi valor como individuo y más derrotado, fuera de la normalidad, abandonado e inútil me siento.*

Para el autor, *la autoestima es la clave de la felicidad, porque media entre nosotros y la realidad. Es el caso del vaso medio lleno o medio vacío. Una autoestima baja, desvirtúa todo cuanto se presenta ante nosotros: aumenta los errores y empequeñece los logros. Aún más, una autoestima deprimida se ensaña en los puntos débiles, en la zona más vulnerable de cada cual. Cuanto más valor le demos a algo, tanto más empañado quedará bajo los efectos de una pobre autoestima... Sin autoestima, todo se tambalea bajo nuestros pies. De nada nos serviría que el resto del mundo nos repitiera una y otra vez cuánto nos quiere, qué atractivo somos, qué estimulante les parece nuestra inteligencia. Sin autoestima, los refuerzos externos pierden su fuerza, porque no encuentran la caja de resonancia adecuada en nuestro interior.*

Si, tal y como nos refiere Andrés Martín Asuero, en su libro "Plena Mente", *la resiliencia implica una actitud abierta y positiva, regulación emocional, empatía con otras personas, autoconciencia y Mindfulness y, en la vida cotidiana, la resiliencia es lo que nos permite ver las situaciones duras como algo interesante y nos estimula para dar lo mejor de uno mismo,* no me cabe duda alguna de que las personas con baja autoestima, carecen de este tipo de capacidades, actitudes y bases comportamentales, dificultándose de ese modo, su capacidad real para hacer frente a determinadas situaciones.

Por el contrario, esas personas que han logrado construir una adecuada autoestima y que han aprendido a valorarse correctamente, pues cuentan con mayores y mejores posibilidades, para hacer frente a determinadas realidades y lograrlo en los márgenes de la conciencia y la dignidad humana.

Todos, en algún momento de la vida, podemos sentirnos inseguros, incapaces, volátiles, tristes, deprimidos, solos. Pero está en nuestras manos decidir la eternización de esas emociones, sentimientos y estados de ánimos, o la transitoriedad de los mismos.

Con la motivación apropiada y con el esfuerzo necesario para el momento concreto, podemos crear las condiciones que nos permitan crecer como personas. Deberíamos hacernos cargo de nosotros mismos y formularnos la posibilidad concreta de vivir en plenitud, sin tantas barreras a nuestra felicidad.

El poder cambiar, está en el marco de nuestras necesidades y de nuestras posibilidades reales y todo lo que se encuentre en este diapasón de alternativas (que por supuesto varían de unas personas a otras), puede lograrse. Pero, para alcanzarlo, es necesario abrirnos hacia nuevas perspectivas de la experiencia, que nos ayudarán a superar el temor a lo desconocido y a lo que no nos brinda seguridad.

Si nos aferramos a la *inmovilización*, al estaticismo, a la tendencia de no cambiar, nos aferramos a las emociones negativas de nuestra vida; de forma tal que perdemos con ello todo el arsenal de positividad y de recursos aportativos con que contamos, para funcionar digna y concientemente a nivel de vida cotidiana. No podemos dejar que los sentimientos, las emociones y los estados de ánimo negativos nos sirvan de guía o nos colmen de calamidad.

Wayne W. Dyer en Tus Zonas Erróneas expone lo siguiente: *La inmovilización abarca un amplio territorio. Casi todas las emociones negativas provocan un estado de autoinmovilidad, y esto ya es un motivo más que suficiente para eliminarlas de tu vida.* Para el autor, *la inmovilización es un estado que, en grado mayor o menor, imposibilita que funciones al nivel que quisieras funcionar.* Pero como el mismo Wayne refiere, *tú puedes hacer lo que te propongas, Eres fuerte y capaz. No eres frágil ni quebradizo... Si quieres que el mundo cambie, no te limites a lamentarse. Haz algo. En vez de desperdiciar tus momentos presentes en todo tipo de ansiedades inmovilizantes respecto a lo que estás postergando, hazte cargo de esta odiosa zona errónea y vive ahora. Sé un hacedor, no una persona que únicamente desea, espera o critica.*

Las lecciones existenciales, nos han enseñado que está en nuestras manos la posibilidad real de avanzar, de cambiar hacia mejor y de madurar como personalidades íntegras. Resistirnos a lo que constituye una realidad vital (el cambio, el movimiento), es una actitud errónea, que no tenemos que mantener en el diccionario de nuestras conductas y de nuestras manifestaciones cotidianas.

No existe la opción de alcanzar la felicidad, si permanecemos encallados en sitios que dificultan su encuentro y su posibilitación. La felicidad y la plena realización, solo pueden ser alcanzadas a través de la construcción de proyectos coherentes, proyectos que doten de sentido nuestras vidas y nuestras acciones, hacia la consecución de objetivos concientemente planteados: objetivos que requieren de una determinación de actuar determinadamente (permítase la redundancia intencionada), acorde a nuestros principios y valores.

Nada permanecerá como está, si nosotros no permitimos que continúe de ese modo. La posibilidad de elevarnos constantemente sobre nuestras autolimitaciones, sobre nuestros esquemas mentales y barreras psicológicas, siempre está a la espera de nuestra motivación e inspiración, de nuestro esfuerzo y voluntad, de nuestra actitud y de nuestros compromisos.

Lo único que tenemos que hacer es, ir conscientemente, hacia el encuentro de esas fortalezas, que nos ayudarán a romper definitivamente la negativa e imposible tendencia de mantenernos estáticos.

El hecho de que hayas recorrido un determinado camino hasta aquí, no quiere decir ni mucho menos que tengas que continuar torturando tu día a día, si en ese devenir no encuentras las claves que te convierten en un ser feliz y pleno, próspero y resiliente.

El camino a recorrer, va siendo construido por los pies, pero dominado y encauzado por nuestra mente. Nuestra mente siempre está abierta a la posibilidad del cambio. Somos nosotras y nosotros mismos, quienes le validamos esa posibilidad o quienes la constreñimos en demasía.

Tal y como nos remarca Javier Iriondo, en su libro "Donde tus sueños te lleven": *si quieres cambiar ese sentimiento* angosto, de pesadumbre y miedo, *tienes que cambiar tu enfoque y tus expectativas, visualizar un resultado positivo, verlo en tu mente, sentirlo, creer y convencerte de que va a salir como tú quieres. Eso crea y atrae una energía y una actitud positivas que generan una acción de mayor calidad, mucho más productiva y efectiva, ya que actúas en función de cómo crees que será el resultado.*

Pero, la diferencia en los resultados de nuestra vida, no llega por el tiempo que pasamos pensando en lo que vamos a hacer, sino por lo que realmente hacemos. No es lo mismo preocuparse que ocuparse. Todo lo contrario, ya que la ocupación elimina la preocupación. En muchas ocasiones incluso, nos llegamos a creer que realizamos ciertas acciones porque pasamos tiempo pensando en ellas, planificándolas; sin embargo, por algún motivo, por algún mal hábito, nuestras intenciones se quedan simplemente en eso. Lo que sabemos, pensamos y decimos, no nos llevará hasta donde queremos, tan solo lo hará lo que hacemos. Recuerda que el pensamiento jamás sustituye a la acción. Es hora de tomar decisiones, para que esas intenciones no se queden solo en buenos propósitos que nos generen ilusiones y buenos sentimientos, sino que pasen a ser realidad. Con la intención no basta.

De ahí que, en mi obra literaria, siempre abogo por la dación de una acción inteligente, acción que beba del pensamiento igualmente inteligente, pero que vaya más allá del mismo, hasta impregnarse en la realidad, porque cuando el pensamiento inteligente fecunda la acción y la convierte igualmente en brillante y descollante, en lúcida y despierta, ésta última podrá alcanzar matices y desarrollos superiores.

Y es que toda acción debería beber de la sabia que aporta la razón razonada, el pensamiento estratégico y la memoria lúcida. Cada acción debería tender o aspirar a ser inteligente y de ese modo, arraigarse de la mejor manera posible, a la realidad.

Al elegir la acción inteligente, nos comprometemos con ella; compromiso que requiere previamente una necesaria identificación o cercanía con lo convenido. Si guardamos sintonía con lo que adoptamos en el plano reflexivo y complementariamente a ello, buscamos una secuencialidad, en torno a lo que hacemos/o haremos, pues se abren las puertas hacia la actuación genuina.

La acción inteligente no es un actuar sin propósito o sin rumbo delimitado; *a contrario sensu*, es una acción decidida firmemente, contundente y resolutiva. La acción inteligente es enérgica y atrevida, es provocadora y osada. Las personas que apuestan por ella, tienen la claridad y la fuerza suficiente, como para hacerse valer, a través de la misma y se comprometen y reafirman, por mediación de esta.

Cuando tomamos una decisión firme y la insertamos en la realidad de vida cotidiana, donde proyectamos nuestros comportamientos, cueste lo que cueste, con convicción y con determinación, avanzamos hacia la conquista de nuestras metas; la conquista de nuestras metas, siempre nos exigirá resituarnos, provocarnos y crecer, posicionarnos y ser.

Cuando nos comprometemos con nuestras elecciones, vamos sentando las bases para avanzar por las rutas más maravillosas, de forma animosa y rotunda, resueltos y aportativos.

No me cabe duda entonces: la acción inteligente requiere de la acción decidida firmemente, esa actuación audaz, neurálgica y categórica, que nos soportará en nuestros intentos y que nos allanará el camino, para continuar fortaleciéndonos. Y, para proyectarnos firmemente en este sentido, necesitamos contar con la autoestima necesaria, en el camino de reafirmar nuestra resiliencia y nuestra determinación.

INTELIGENCIA Y RESILIENCIA

Es necesario aprender a perder de vista la Tierra firme, si queremos en realidad provocar cambios significativos en nuestras vidas. Es necesario aprender a dejar partir, cuando se hayan agotado los vínculos necesarios, que nos ataban a personas específicas, a colectivos concretos, a proyectos determinados, a ideas peculiares o también, a situaciones particulares.

También deberíamos aprender a desprendernos: de posesiones, de personas, de objetos, incluso hasta de historias pasadas y poco aportativas en el tiempo presente. Perder de vista la orilla, desprendernos, desaprender; la vida también necesita para ser, en el camino permanente de nuestro autodescubrimiento y de nuestra autorrealización, de este tipo de situaciones, en las que prevalece la marcha, la pérdida, la partida, el adiós, el olvido...

Haciendo las mismas cosas, sucumbiendo a las rutinas de siempre, conectándonos con las mismas personas y sometiéndonos a semejantes ideas (muchas veces fijas, obnubiladas y castrantes) de cada día, difícilmente podamos iluminar de nuevos sentidos y de nuevos atractivos, nuestra cotidianeidad existencial.

Los seres humanos gustamos de vivir acomodados en esos círculos cerrados que nos brindan seguridad; al menos, seguridad en apariencia, para continuar viviendo una vida que creemos equilibrada y *correcta,* pero que puede ser engañosa, factible de ser tergiversada.

Nos dejamos acompañar de demasiadas creencias equívocas, que nos hacen, en efecto, equivocarnos a la hora decidir y también, por supuesto, errar en demasía a la hora de emprender el viaje, fruto de dichas elecciones.

Caminamos casi siempre las mismas calles, repetimos comportamientos (no necesariamente de forma compulsiva, pero si reiterada), practicamos las mismas acciones y defendemos ideas similares.

Gustamos de creernos con la verdad necesaria para continuar siendo lo que somos y reafirmamos esa forma particular de ser, de disímiles modos, cada uno de ellos argumentado con fieles componentes, que (al parecer) *nunca nos traicionarían*, al partir de nuestras formas particulares de entender la vida.

Lo que sucede es que, siempre es posible ampliar nuestros márgenes de comprensión de la realidad; siempre es posible diversificar las formas a través de las cuales marcamos nuestra existencia y siempre es posible insertarnos en nuevas estructuras mentales, que nos permitan dar nacimiento a lo mejor que nos conforma humanamente. Siempre es posible actuar de forma inteligente y alcanzar nuevos desarrollos.

Y qué es ser inteligentes, sino fundamentalmente la capacidad que encontramos y desarrollamos las personas, para movernos en la adversidad, para resituarnos críticamente en entornos complejos y turbios, que nos necesitan con la mejor de nuestras versiones y para dar respuestas a situaciones, problemáticas y obstáculos, que a la vez son exigentes y posibilitantes, requirentes y estimulantes, como la vida misma, que está cargada de contradicciones, las cuales nos colocan siempre en la posición de decidir.

Las personas resilientes, son capaces de navegar en la incertidumbre, son capaces de imponerse a las crecientes exigencias de la vida y lo hacen con una elevada capacidad de raciocinio. Son capaces de encontrarse en espacios, dinámicas, procesos y situaciones, en los que muchos otros individuos se pierden.

Perderse y encontrarse, son situaciones recurrentes en la que nos vemos envueltos sistemáticamente los seres humanos; las personas resilientes, por su parte, aprenden a navegar en ambos extremos y buscan una salida (prefiero decir inteligente) a los retos que les plantea la existencia.

Las personas resilientes, saben resolver problemas y afrontar conflictos de modo constructivo. A ellos, pocas son las cosas que les sorprenden o agobian y muchas son las respuestas y soluciones que encuentran, independientemente de las situaciones concretas que se les presentan a nivel de su vida cotidiana.

Las personas resilientes, saben navegar en entornos complejos; se han preparado para ello. Por supuesto que no siempre resulta sencillo hacerlo y que en el camino aparecerán trabas y barreras, obstáculos y muros, pero las personas resilientes aprenden: aprenden a hacerlo, aprenden mientras son y mientras aprenden se desarrollan de disímiles formas, cada una y todas ellas, aportativas, porque saben succionar las mieles necesarias, cual abeja que se conecta con la flor, para producir y también, para dar sentido a la acción.

Las personas resilientes, se abren e incorporan activamente nuevas vivencias, nuevas experiencias y nuevos conocimientos; son inteligentes en su actuar. Todo ello le permite ampliar sus horizontes, enriquecer sus capacidades y crecer inagotablemente en el proceso de desarrollo humano, un proceso al que se deben y al que aportan de forma significativa.

ACTITUD Y RESILIENCIA

El ser humano es un experimento en marcha, que está sometido permanentemente a renovación; sometido de forma constante a nuevos influjos y a nuevas ideas que va concretando, para tratar de encontrar los límites que siempre le van permitiendo ser.

Es un experimento el ser humano, en el que actúa como protagonista interesado, hacia la consecución de determinados objetivos y hacia la confirmación (o refutación) de determinadas hipótesis, a través de las cuales va reafirmando (o negando) su proyecto de vida.

El ser humano es un proyecto en construcción, que se reafirma y/o refuta, en dependencia de las circunstancias que le mediatizan, de las respuestas que (se le) da a dichas circunstancias y en virtud también, de sus aspiraciones, siempre actuantes y siempre actualizables.

Sin experimentación, no hay desarrollo ni crecimiento humano posible (entiéndase lo humano, aquí, en sentido extenso). Sin experimentación, no existen respuestas definitivas nunca, a las preguntas que marca la existencia en sí misma.

La experimentación es un proceso necesario, para poder delimitar las dinámicas y los procesos que nos permiten ser, que nos permiten encontrarnos y también, que nos posibilitan definirnos como humanos.

Es sencillo, tenemos que experimentar y experimentarnos, tenemos que descubrir-nos y comprobar-nos, tenemos que aportar validez y ratificar lo que somos. De esta forma, sentamos las bases para continuar siendo del mejor modo posible. Y no existe modo de acceder a todos estos aspectos que denota la realidad, si no somos capaces de integrar en nuestro día a día, una franca actitud de apertura; una actitud donde prime la positividad y la confianza en nuestros recursos personales.

Una actitud positiva en el día a día en el que desarrollamos nuestro proyecto vital, constituye una de las claves que nos permitirán alcanzar los objetivos trazados, que nos facilitarán emprender el viaje de la vida por los mejores itinerarios posibles y que nos permitirán imponernos activa y efectivamente a las circunstancias cotidianas, sean cuales sean y tengan el matiz que tengan.

La actitud es uno de los elementos más relevantes, para poder vivir con sentido y con dignidad nuestro día a día; no olvidemos que vida también es: búsqueda, conflictos, contradicciones, soluciones, construcciones, reafirmación de nuestra singularidad y en cada uno de ellos, la actitud que seamos capaces de desarrollar, es clave para conducirnos por una u otra dirección.

Vida también es intento, es capacidad de comprometernos, es posibilidad esperando ser posibilitada y todo ello requiere de una actitud positiva de nuestra parte, para no quedarnos en el terreno de lo conocido, sino para dar luz y nacimiento a lo que aún no existe, pero que nos posibilitará avanzar, progresar, capacitarnos, prosperar y desarrollarnos, aunque por supuesto que no estamos hablando de asuntos nada triviales, ni sencillos.

La comprensión de todos los mecanismos que nos ayudan a gestionar la existencia; la comprensión mental, no garantiza en absoluto su puesta en práctica. Del mismo modo que pronunciar la palabra agua no nos moja. Y a veces es difícil, a veces puede llevar tiempo digerir las cosas, pero es necesario impulsar esa voluntad de ser lo que estas llamado a ser y de convocar en el otro lo que está llamado a ser. Pues como decía Goethe, "trata a un ser humano como es y seguirá siendo lo que es; pero trátalo como puede llegar a ser y se convertirá en lo que está llamado a ser. Es clave elegir nuestra actitud... En la vida tendremos momentos de dificultad, momentos de crisis, travesías del desierto. Pero hay algo que nos debemos cuestionar y es qué puedo aprender, adónde me lleva esto, para qué me servirá, para qué vivo. Eso es lo que tienen en común los creadores y creadoras de buena suerte. (Alex Rovira, en su conferencia La Clave de la Buena Suerte)

Por su parte, Víctor Kuppers gusta de decir en sus conferencias (entre las que se encuentra "Actitud", que es de donde se toma específicamente esta reflexión del autor) que *las personas somos como bombillas. Todos somos como bombillas, porque las personas transmitimos. Hay personas que van por la vida a 3oooo vatios y otras que van fundidas. Todo el mundo transmite. La diferencia es relevante... Los seres humanos transmitimos sensaciones y captamos las sensaciones que transmiten los demás. En este sentido somos como bombillas.*

Lo importante sería, desde la perspectiva particular que defendemos, irradiar luz con nuestra actitud, asumir la mejor postura existencial posible, en cada una de nuestras decisiones y acciones emprendidas; proyectarnos con lo más profundo y auténtico de nuestro ser: ser que es fundamentalmente posibilitación, expresión y reafirmación de nuestra existencia.

Lo cierto es que, cada quien, es producto de sus decisiones. Aunque a veces nos cueste entender este particular, nuestras vidas no vienen predeterminadas por situaciones definitivas, ni vienen escritas en ningún pergamino antiguo. No estamos marcados definitivamente, podemos cambiar y transformarnos en resilientes, en cualquier momento de nuestra existencia.

Nuestras vidas son un producto de la forma en que hacemos frente a las circunstancias vitales, en las que nos vemos envueltos a diario; nuestras vidas son una resultante de los pequeños pasos que vamos dando a cada momento de nuestra existencia.

Nuestra vida nos pertenece en gran medida y por pertenecernos, es fruto de nuestras propias formas de afrontar la realidad; reitero, la vida es esencialmente un producto de nuestras decisiones. Cuanto antes interiorices esta tesis, irrefutable desde mi modesta opinión, irás dando pequeños pasos, pero de seguro bien firmes, hacia la confirmación de lo que eres.

Cada quien debe encontrar el sentido de su vida. Cada cual debe determinar el propósito central de su existencia y experimentar en carne propia, lo más genuino de su ser. Solo de esta forma, alcanzará la consciencia necesaria, para convertirse en la mejor persona posible.

Si logramos definir lo que somos y si alcanzamos delimitar para qué estamos en el mundo de la vida, con seguridad podremos expresarnos con toda nuestra plenitud y con toda nuestra humanidad.

Tenemos que descubrir nuestras verdaderas fuerzas y nuestras metas más ilusionantes y a partir de dichos descubrimientos, deberíamos fortalecernos.

MOTIVACIÒN Y RESILIENCIA

No es nada sencillo levantarse cada mañana, con la energía y con la predisposición favorable, para construir-se y para gestar-se, para darnos nacimiento y para continuar trascendiendo-nos.

No es nada simple, estimularse cada día e inyectar de ilusión nuestra cotidianeidad. Hacerlo, implica mucha perseverancia y mucha audacia de nuestra parte y en ocasiones, implica conjuntamente a ello, un cambio en nuestras estructuras mentales más arraigadas.

A veces nos resulta dificultoso poder avanzar, poder aprender y poder superar obstáculos. También se presentan por el camino situaciones complejas, que demandan de nuestras mejores apuestas y de nuestros atributos más acabados.

Por todo ello, se hace indispensable motivarnos cada día, provocarnos y actualizarnos comportamental y personológicamente. Los seres humanos podemos hacerlo, podemos inspirar e inspirarnos, podemos motivar y motivarnos, podemos enriquecer nuestra existencia.

Las personas resilientes, saben motivarse cada día, porque aprenden que, con cada amanecer, nos llueven a borbotones nuevas oportunidades, nuevos rayos de luz y muchas de las energías necesarias, que nos van a permitir convertirnos en nuestra mejor versión personológica.

Este este tipo de personas, no dejan que las alternativas se pierdan, no dejan correr las opciones que tal vez les posibiliten darse nacimiento en plenitud. Ellas y ellos, viven abiertos a la vida, se dejan influir positivamente por esta y renuevan sus bases existenciales permanentemente. Casi siempre encuentran una motivación para avanzar hacia delante, para prosperar y para progresar. Por eso es que precisamente inspiran a otras personas, por el legado que dejan, por la sabiduría que impregnan y por la congruencia con que validan el acto de vivir en dignidad.

Tan importante como desarrollar una clara idea, acerca de lo que queremos lograr y ser en nuestras vidas y tan necesario como motivarnos y recargar nuestras energías vitales, para continuar posicionándonos crítica y emancipadoramente en el mundo de la vida, resulta también significativo, darnos las pausas necesarias para equilibrar nuestras fuerzas y para balancear nuestros dinamismos internos.

Nuestros cuerpos y nuestras mentes, necesitan descansar y mucho más de lo que imaginamos, si es que en realidad pretendemos avanzar armónicamente, por los pasadizos de la cotidianeidad, de una forma funcional, nutricia y enriquecedora. Nuestros cuerpos y nuestras mentes, necesitan de mimos constantes, para que logren re-energizarse y para que puedan ampliar su tiempo útil.

Pero este ampliar su tiempo útil, no debemos valorarlo solamente en términos eficienticistas o meramente pragmáticos, que también, sino que deberíamos mirarlo prioritariamente, en el marco de dignificar nuestra existencia de forma saludable. Necesitamos tomarnos tiempos para descansar, para mirarnos hacia dentro y también, para dejar pasar.

Deberíamos aprender también a dejar pasar y alejarse de nuestro lado, a todo aquello que no nos aporte. Tenemos que aprender a desentendernos, cuando veamos que de esta forma y sin dañar a nadie, encontraremos un mejor balance de nuestras vidas. Tenemos que aprender a desconectar-nos, a dispersarnos transitoriamente (cuando la situación lo requiera y amerite), si dicha dispersión nos permite equilibrarnos.

Lo que sucede es que, marchamos con demasiados agobios a cuestas y yacemos bajo el influjo de tantas rutinas carcelarias que, nos dificultan salir de las zonas de confort y del piloto automático. He ahí donde la consciencia crítica debe tomar partido, para reconocer que una vida exitosa y saludable, necesariamente es producto también del equilibrio y dicho equilibrio necesita impregnarse en nuestras vidas, para recargar las pilas y para valorar correctamente las situaciones de vida en la que nos vemos imbuidos y que marcarán en alguna dirección, querámoslo o no, nuestra marcha cotidiana.

Motivación y resiliencia van de la mano. Mientras más motivados estemos, mejor podremos hacer frente a la exasperante cotidianeidad que, muchas veces, se nos quiere atragantar en la garganta. La motivación es fundamental, tanto para dar vuelcos a la historia, como para acceder a la Tierra deseada.

INSPIRACIÓN Y RESILIENCIA

No cabe la menor duda de que el trabajo duro es una de las claves para poder alcanzar nuestros objetivos vitales. Sacrificarnos, imponernos a los fracasos, levantarnos cada mañana con las energías renovadas e ilusionarnos con todo aquello que nos pueda ir convirtiendo, de a poco, en mejores seres humanos, siempre constituirán aspectos esenciales para crecer, para desarrollarnos y para intentar ser la mejor persona que podamos.

Marcar día a día nuestra agenda vital, de las acciones necesarias, para ser lo que nos propongamos ser, siempre constituirá un aspecto de primer orden para nuestra autorrealización. Dotar de sentido nuestras vidas, ganar en autoconfianza y afrontar ilusionadamente la realidad, siempre serán argumentos sólidos, para sacar a flote la mejor versión que nos configura.

Si trabajamos duro y si somos laboriosos, de seguro que encontraremos con más facilidad la inspiración. Cuando logramos alcanzar la inspiración contaremos, sin dudas, con más posibilidades de motivar e inspirar a las personas que nos rodean.

Existe una innegable intervinculación entre inspirarnos e inspirar. Aunque no sea una relación lineal la que se establezca entre ambas dimensiones, si encontramos la fuente motivacional adecuada, en principio, tendremos más posibilidades de trascender a otras personas y hacerlas partícipes de ideas, pensamientos y proyectos ilusionantes.

Trabaja duro y encuentra la inspiración. Si la musa no baja a tu suelo, imponte e intenta gestarla. Si "la suerte" *no te ayuda,* en un determinado momento de tu vida, ayúdala a ayudar-te.

Da siempre lo mejor de ti en cada momento y de seguro que otras muchas personas encontrarán su inspiración en tu reflejo. Para ser el ejemplo de los demás, también deberías ser el ejemplo de ti mismo. Esto último no deberías olvidarlo nunca; la mejor manera de ser referencia para Otros, es siendo auténticamente lo que eres y ello contra viento y marea, contra todo tipo de adversidades y pronósticos.

Las personas que inspiran lo hacen: son ejemplos para sí mismos y también, para los demás; se quieren a sí mismas y no olvidan lo importante que son los demás para su vida propia. Las personas inspiradoras viven sus sueños y no sus miedos; viven de sus sueños y no se dejan castrar por sus miedos. Sus miedos son solamente un escalón que se supera-rá en el camino hacia el cumplimiento de sus sueños necesarios, de sus sueños posibles, de sus sueños deseados.

Las personas que inspiran son, al igual que las personas resilientes, sujetos cargados de sueños y nada ni nadie le puede poner trabas insuperables a los mismos. Viven convencidas de lo que son y de lo que quieren y nada ni nadie limitará sus búsquedas.

Por eso te propongo que actúes como lo hacen las personas resilientes: que, si se caen, se levantan; que, si pierden, aprenden; que, si se quedan sin acompañantes en el camino, continúan caminando. Por todo esto y por mucho más, este tipo de individuos, son referencia positiva en nuestras sociedades y ello es totalmente lógico, al menos para quienes, como yo, nos donamos a la solidaridad, al amor, a la paz, al trabajo colectivo y a la realización plena.

Visualizar la meta es tan importante, como recorrer el camino que te conducirá hacia la misma. Tener claridad en tus propósitos, siempre será fundamental para remarcar los itinerarios a recorrer. Encaminarte hacia tus sueños, inspirarte en la búsqueda de tus zonas de realización, siempre constituirán basamentos nucleares para continuar avanzando y para mejorar lo que eres mientras avanzas.

Si no apartas tu mirada comprometida de la meta, de seguro que siempre te conducirás hacia la consecución de la misma. No importa que a lo largo del camino haya desvíos transitorios, no importa que aparezcan zigzagueos o baches en la travesía; tampoco es determinante que, en ocasiones, se pierdan las señales, lo importante es continuar avanzando, continuar descubriendo y continuar auto-descubriéndonos.

No importa perder o perderte, si al final de la jornada, siempre está latente el reencuentro y también la vuelta de hojas a la realidad necesaria, para continuar siendo el mismo viajero de antaño, pero más sabio, mejor implicado, más comprometido y más fortalecido. Es decir, continuar siendo el mismo viajero, pero ahora más enriquecido, más fortalecido, mejor integrado y más convencido.

Aunque existan muros difíciles de subir, siempre recuerda que es posible trascenderlos; si algún Everest nos requiere para ser escalado, siempre recuerda que muchas mujeres y hombres ya han alcanzado la gesta y nos sirven de guía y de orientación, para emprender el reto que nos requiere.

Siempre es posible ir más allá de lo que perciben los ojos; siempre es posible darnos nacimiento en plenitud. El ser humano tiene capacidades y talentos múltiples, que le permiten sistemáticamente ser lo mejor que pueda ser. Eso es resiliencia.

TOLERANCIA A LA INCERTIDUMBRE Y RESILIENCIA

Qué es ser resilientes, sino fundamentalmente la capacidad que encontramos y desarrollamos las personas, para movernos en la adversidad, para resituarnos críticamente en entornos complejos, que nos necesitan con la mejor de nuestras versiones y para dar respuestas a situaciones, problemáticas y obstáculos, que a la vez son exigentes y posibilitantes, requirentes y estimulantes, como la vida misma, que está cargada de contradicciones, las cuales nos colocan siempre en la posición de decidir.

Las personas resilientes son capaces de navegar en la incertidumbre, son capaces de imponerse a las crecientes exigencias de la vida. Son capaces de encontrarse en espacios, dinámicas, procesos y situaciones, en los que muchos otros individuos se pierden o se descomponen.

Las personas resilientes saben resolver problemas y afrontar conflictos de modo constructivo. A ellos, pocas son las cosas que les sorprenden o agobian y muchas son las respuestas y soluciones que encuentran, independientemente de las situaciones concretas que se les presentan a nivel de su vida cotidiana.

Las personas resilientes saben navegar en entornos complejos; se han preparado para ello. Por supuesto que no siempre resulta sencillo hacerlo y que en el camino aparecerán trabas y barreras, obstáculos y muros, pero las personas resilientes aprenden: aprenden a hacerlo, aprenden mientras son y mientras aprenden se desarrollan de disímiles formas, cada una y todas ellas, aportativas, porque saben succionar las mieles necesarias, cual abeja que se conecta con la flor, para producir y también para dar sentido a la acción.

Las personas resilientes se abren e incorporan activamente nuevas vivencias, nuevas experiencias y nuevos conocimientos. Todo ello le permite ampliar sus horizontes, enriquecer sus capacidades y crecer inagotablemente en el proceso de desarrollo humano, un proceso al que se deben y al que aportan de forma significativa.

Están tan convencidas de sus capacidades, de sus talentos y de sus competencias, que no tienen miedo a someterse al escrutinio externo. No quiere decir esto que vayan vociferando por doquier lo grandiosos que son o que les pidan a los demás que le pongan constantemente a prueba, para demostrarles sus recursos personológicos, solamente pretendo expresar con estas palabras que, las personas resilientes están tan confiadas en sí mismas, que no temen (o se sobreponen a los temores) a aquello que les pueda plantear retos.

Para ellos, los retos son estimulantes, son potenciales oportunidades para crecer y para desarrollarse. Para las personas resilientes, y no me cabe duda alguna de ello, los retos son necesarios en su camino de fortalecimiento y de autorrealización personal.

Tienen, eso sí, una elevada tolerancia a la incertidumbre, una alta capacidad para moverse entre mareas y tempestades. No existen fuerzas huracanadas que les limiten; las personas resilientes siempre encuentran el cobijo necesario, siempre hacen la luz.

OPTIMISMO Y RESILIENCIA

Las personas resilientes se levantan y andan, aprenden permanentemente, siempre miran la realidad desde un prisma positivo, aportativo y esencialmente optimista.

El optimismo es la construcción que nos hace posible configurar una visión positiva de la vida, hospedando en nuestro interior y proyectando hacia el mundo externo, lo más valioso de la misma.

El optimismo es la capacidad que podemos desarrollar los seres humanos, para dotar de nuevos sentidos la existencia humana, para aplicar con lógica y criterio profundo lo experimentado y para saber darle valor a lo que verdaderamente lo tiene.

Luis Rojas Marcos, en su obra "La fuerza del optimismo", nos recuerda que, *quienes albergan expectativas positivas son más eficaces ante los problemas, especialmente en situaciones difíciles, porque se crecen ante las dificultades. Las expectativas optimistas están asociadas a resultados superiores. Por su parte, quienes esperan fracasar tienen más probabilidades de fracasar, ya que el pensamiento negativo ante tareas complicadas predispone a cometer errores. Además, la disposición optimista amortigua el impacto emocional del fracaso... El optimismo no es un simple rasgo temperamental, sino que consiste en un conglomerado de elementos que forman nuestra personalidad y configuran nuestra forma de vernos a nosotros mismos y de valorar los sucesos que vivimos. Estos ingredientes colorean nuestra visión del mundo y de nuestro destino. El termómetro del optimismo analiza las reminiscencias del pasado o nuestra autobiografía, nuestro estilo de explicar o interpretar los sucesos positivos y negativos que nos afectan en el presente, y nuestra perspectiva del futuro en general y de las probabilidades de conseguir los objetivos específicos que nos proponemos. Con esto no quiero decir que estas tres áreas basadas en el tiempo estén compartimentadas y no se conecten en nuestra mente. Todos somos conscientes de la íntima relación que existe entre nuestra visión del pasado, nuestro estado de ánimo presente y nuestra perspectiva del mañana.*

No tenemos que esperar a que toquen a nuestra puerta los peores momentos de nuesta historia, para aprehender las lecciones que nos da esta. No tenemos que esperar a que se agoten las posibilidades de crecer o de desarrollarnos auténticamente, para emprender cambios o para convertirnos en lo más auténticos que somos. No tenemos que estar siempre a la defensiva o esperando a que se limiten nuestras posibilidades, para ser.

No tenemos que esperar a que circunstancias dramáticas nos obliguen, impulsen o ayuden a cambiar. No tenemos que funcionar como meros animales de costumbre; podemos actuar como personas críticas, conscientes, capaces de emprender, de construir nuevos sentidos vitales y emociones diferentes. En todo este proceso, el optimismo es una baza fundamental, para que, las personas resilientes, continúen alcanzando sus metas y resignificando sus propósitos.

PENSAMIENTOS Y RESILIENCIA

Muchas veces nos acurrucamos en nuestras sábanas más calienticas y cerramos la puerta al mundo exterior, como queriendo olvidarnos de que existe vida más allá de nuestra casa particular. Somos especialistas en eso de limitarnos al ayer y a nosotros. Somos expertos en eso de no evocarnos hacia el mañana o de abrirnos al Otro.

Y hacemos lo anterior, sin asumir plenamente que la vida se gesta, se estructura y se manifiesta, en las avenidas de lo social y siempre mirando hacia delante: aquí y ahora si, pero mirando hacia el porvenir. La vida está diseñada para ser experimentada en el plano de la vida cotidiana. La vida no se desarrolla en contextos o en escenarios distanciados de lo que sucede día a día en la realidad.

La vida no puede experimentarse desde la mera teoría, sino que está para ser vivida en la calle y en los espacios sociales y siempre, reitero, proyectándonos hacia el frente. Y para vivir en los ámbitos sociales, tenemos que salir de nuestro caparazón, de nuestra caverna personal, tenemos que aventurarnos, tenemos que superar nuestros temores y trascender nuestras pequeñeces y nimiedades más limitativas.

Desde bien temprano, entramos a formar parte de una realidad y de una estructura social compleja, que ha delimitado hace bastante tiempo ya, lo que debe ser normalmente asumido y lo ha distinguido del resto de las posibles aportaciones.

La sociedad, en sus disímiles construcciones, va delimitando aquello que, según ella, es prioritario o residual, según sus intereses concretos. Y a partir de ahí, delinea y delimita lo esencial de lo secundario, marca las rutas por dónde debe transitarse y también, concreta sus causes prioritarios, de forma que, al entrar a formar parte de sus espacios y entresijos, ya lo hacemos marcados, al menos en alguna dirección, por criterios, pautas, normas y estereotipos que, en realidad, nos influyen y matizan más de lo imaginado a simple vista.

Desde el mismo instante de nuestro nacimiento, empezamos a formar parte de un escenario de clasificaciones, de corchés y de elucubraciones, que nos indican (supuestamente) el camino "más correcto", el trazo "más idóneo" o la ruta "más lógica" a seguir. Pero detrás de esas formas, estrategias y métodos, existe todo un conglomerado de intereses que, si bien no podemos asumir como necesariamente dañino o manipulador *per se*, debería analizarse muchas veces con lupa, para no convertirnos en rehenes a-críticos de sus disposiciones y requerimientos.

Por todo ello y por mucho más, que no es necesario explicitar en este momento de la reflexión, considero que es fundamental en nuestras vidas y para nuestro pleno desarrollo, aprender a pensar. Si no somos capaces de pensar correctamente, otras personas pueden tomarse la atribución de hacerlo por nosotras. El acto de pensar, es nuclear en el desarrollo que alcanzan las personas resilientes.

Si no somos capaces de analizar adecuadamente la realidad, en su sentido más amplio y propositivo, tal vez otros individuos pretendan influir en nuestras vidas; es necesario aprender a tomar las riendas de nuestra existencia y en ello, el pensamiento, ocupa un rol distintivo.

Tenemos que aprender a pensar y hacerlo por nosotros mismos, sin que necesariamente nuestro pensamiento se vea sometido a mediaciones externas; mediaciones que, tal vez, no nos valoren en todo nuestro esplendor o en toda nuestra plenitud personológica.

Y, aunque es fundamental aprender a pensar por nosotros mismos, no debemos ser tan egoístas que, en este camino, renunciemos al papel que debe tener el Otro en nuestra formación, en nuestra autoconstitución y en nuestras maneras de ver y de hacer frente a la realidad.

Aprender a pensar implica también, aprender a abrirnos al Otro, porque el pensamiento, aunque propio y personalizado, es una consecuencia de otras muchas ideas y aristas y también, una resultante de muchas otras personas de las que vamos adquiriendo conceptos, vivencias y ejemplos.

Nuestro pensamiento y la madurez del mismo, se va consolidando, de igual modo, en dependencia de nuestras formas de relacionarnos con la realidad y con aquellos que configuran dicha realidad. Nuestros pensamientos no son una linealidad simple de lo observado ni de lo vivido, pero recurren tanto a lo observado como a lo vivido, para adquirir algunos de sus matices necesarios.

Es importante aprender a pensar. A través de nuestro pensamiento, lograremos razonar y reflexionar críticamente, en torno a lo que nos rodea y también, en relación a lo que somos.

El pensamiento es nuestra llave maestra, nuestro mejor resguardo y el mapa necesario, al que debemos acudir sistemáticamente, para delimitar y ampliar lo que somos. Eso también es resiliencia.

PREDISPOSICIÓN AL CAMBIO Y RESILIENCIA

El cambio, a veces, es la única manera de poder avanzar y de poder construir una nueva realidad: no nos resistamos a él, cuando en verdad, debería convertirse en nuestra alternativa más lógica y/o necesaria para ser. Yo te invito, más bien, a que lo generes, a que lo impulses y a que lo dinamices.

Lo que sucedes es que, muchas veces no sacamos las lecturas correctas de las dinámicas cotidianas de vida; caemos en círculos de pensamientos y emociones viciosas y viciadas, recurrimos a las mismas formas constrictivas de afrontamiento, de una realidad que ya se ha modificado y que nos insta impostergablemente a cambiar nuestro proceder.

El cambio de proceder conlleva, en sí mismo y en alguna dimensión, un cambio de nuestro ser o de los valores que acompañan (a) nuestro ser. Y es que podemos ser siempre más de lo que somos; de hecho, somos más y mejor de lo que creemos ser, más y mejor de lo que nos dicen que somos y más y mejor (al menos potencialmente) de lo que hasta ahora mismo hemos sido.

Nadie permanece todo el tiempo en el mismo sitio. El cambio es una necesidad y más que una necesidad, constituye una posibilidad que necesita ser fraguada y concretada; una posibilidad que nos permitirá abrir nuevos diques de contención y crear alternativos pliegos de ilusión para avanzar. Desconsiderar este criterio, es engañarnos y bajo el manto del auto-engaño no podremos avanzar de manera sostenida nunca.

Lo que sucede es que, nos resistimos insistentemente al cambio, aun cuando estamos casi convencidos de la inminencia del mismo o de su incuestionable necesidad. Ello es totalmente natural y lógico: el cambio nos coloca en un escenario desconocido, imprevisto y sin precedentes en nuestra historia de vida singular; de forma que resistirse al mismo es natural, pero lo menos sensato la mayoría de las veces.

Ante el cambio también podemos adaptarnos y mejor aún, deberíamos conducirlo o impulsarlo. Esto último no siempre resulta sencillo, pero deberíamos aspirar a lograrlo cada vez que fuese posible: ser proactivos, inspiradores, partícipes, protagonistas.

El acomodo en lo conocido, nos limita las posibilidades de intentar encontrar nuevas formas de ser, que nos habiliten vías alternativas hacia nuestro desarrollo como sujetos plenos y capaces.

Parecemos no aleccionarnos con las experiencias vitales que nos marca la historia singular de nuestras vivencias. Demasiadas personas se han marchado de este mundo, sin dejar huellas de madurez tras su partida. Nos dejan sin haber estado apenas, mueren sin haber nacidos en plenitud (es decir, humanamente), se van y poco queda de ellos.

Esto sucede, entre otras cosas, porque la mayoría de ellas no fue capaz de cambiar, no fue capaz de plantearse su vida desde otra perspectiva, no lograron convertirse en individuos resilientes: temieron y no intentaron, se conformaron y no emprendieron, de forma tal que no desarrollaron todo su potencial para darse nacimiento desde lo más profundo de su ser. Ser que es dinámico, movible, transformable, enriquecible y actualizable.

El cambio nos genera una posibilidad de transformar dinámicas, de resituar encuadres, de emprender acciones, que al final de la partida nos conduzcan por el carril ganador y hay muchas formas que nos hablan de ganar, no siendo necesariamente para lograrlo, aplastar a los demás (ganar en conocimiento, ganar en autoestima, ganar en experiencia, ganar amigos y cuidarlos, ganar (en) confianza...).

Aprender a cambiar es imprescindible para avanzar individual y colectivamente; el poder del cambio no debe desconsiderarse jamás, ni bajo ningún pretexto. Por esta razón, el cambio necesita ser conducido hacia los mejores caminos posibles: caminos que, ya sean definidos externa o internamente, precisan recorrer/se de forma sabia y consciente, de manera planificada y valiente.

RELACIONES Y RESILIENCIA

No somos seres acabados, sino que vamos siendo a lo largo de nuestro proceso histórico de vida y vamos siendo en relación: espacios y dinámicas de encuentro, que permiten actualizarnos y resignificarnos constantemente.

Yo no tengo duda alguna: tenemos que aprender a construir con el Otro, si de veras aspiramos a mejorar lo que somos y de manera consustancial, si aspiramos a mejorar lo socialmente significativo, mientras nos perfeccionamos a título personal.

No creo que sea posible lograr nuestro mejoramiento personalizado, al margen de nuestra firme apuesta por el mejoramiento de las demás personas, ya sea esto último, directa o indirectamente, en mayor o en menor medida.

El mejoramiento de los demás, me compete en algún sentido y mi perfeccionamiento también necesita de algunos otros necesarios para producirse. Sin el Otro, apenas soy y el Otro sin mí es incompleto.

Nuestros actos, nuestros proyectos, nuestras actitudes, nuestras palabras y hasta nuestros pensamientos, deberían conducirnos no solo hacia el mejoramiento de lo que somos aquí y ahora, sino inclusive, hacia el espacio fecundo en el que alcanzamos lo que queremos, estando ambas dimensiones (ser lo que somos y alcanzar lo que queremos) estrechamente interconectadas con los demás.

No podremos ser lo que somos, ni tampoco alcanzar lo que queremos, desligados de lo y de los que nos rodean. Aunque la resiliencia es una cualidad que se desarrolla personalmente, siempre bebe de otras aportaciones, siempre se mira en otros espejos, siempre requiere de otras presencias para darse.

Las personas que han aprendido a construir con el Otro y hacerlo de manera efectiva, son seres transgresores, capaces de reafirmar su singularidad (inclusive en espacios y marcos donde muchas veces se les ha negado), pero sin tener que excluir y sin tener que expulsar a quienes le rodean.

Nadie alcanza nada solo. Nadie nunca será reconocido si no existen otros Alguien(es), en los que Nadie pueda hacer valer su confianza y sus talentos.

¿De qué forma puede ser útil algún talento, algún atributo o alguna disposición humana, si en un principio no es posible vincularlo con otras personas o si en el fondo no es asumido como válido por Otros individuos?.

¿De qué manera puede ser útil algo que no logre calar o inocularse en la sociedad porque, entre otros muchos aspectos, se ha gestado a espaldas de la misma o no logra reflejar lo que dicha sociedad necesita, en un tiempo y en un espacio determinado?. Es necesario aprender a construir con el Otro.

Cuando aprendemos a construir con el Otro, reafirmamos lo que somos, personológicamente hablando. La construcción nos da una medida nada despreciable de lo que significa ser humanos y nos vamos humanizando siempre en relación y en conexión con los demás.

Tan importante como ponerte en el lugar del Otro, como cultivarte para escuchar a los demás, como crecer solidariamente y como ilustrarnos a la hora de cooperar con los diferentes, lo es también, aprender a construir proyectos con terceros.

Es clave aprender a integrarnos en proyectos ilusionantes, proyectos en los que podamos participar y de los cuales sentirnos parte constitutiva; es fundamental entrar a formar parte implicada de proyectos que nos pueden aportar y a los que lógicamente, les reciproquemos. Las personas resilientes, llevan la vanguardia en este tipo de apuestas, porque la misma no se aleja de lo que son.

Al entrar en conexión con otras personas, también tenemos que aprender a gestionar las diferencias y las incompatibilidades, la desavenencia y la discordancia. Y es que ello es fundamental en esto de encontrar puntos de conexión y de fortalecernos a partir de ellos. Depende en gran parte de nuestro posicionamiento crítico, de nuestra actitud ante la vida y de nuestras prioridades, no solo el camino a recorrer, sino también los logros a alcanzar.

Por eso te invito a que creas en las personas y a que aprendas a construir-te con ellas. No te dejes llevar acríticamente por las fachadas, por el esplendor ni por las apariencias; no sucumbas al estrafalario mundo de las nimiedades, de las simplificaciones, ni de la desidia; afírmate en el vínculo y por mediación del mismo avanza permanentemente hacia tu plenitud, esa que te requiere por activa y por pasiva, en el camino de tu mejoramiento constante y personalizado.

Apreciar a los demás es tan importante y tan necesario, como apreciarte a ti mismo. Desde cualquiera de las perspectivas, en este intento de gestar círculos virtuosos necesarios, podemos arribar a la conclusión deseada: si te aprecias a ti mismo, puedes sentar las bases para apreciar en puridad a quienes te rodean y con los que te conectas de alguna forma y mientras aprecias a los demás, en justicia, tal cual son y en su *medida exacta*, pues dejas abierto el camino para reconocer lo que eres, sin estrabismos, sin opulencias y sin miserias a cuestas.

Como mismo tú eres la medida de todas las/tus cosas, los demás pueden ser la medida que necesitas para ser tú mismo y ello, enriquecidamente. Lo importante es aprender a trabajar en (y sobre la base de) círculos virtuosos, en viajes que nos adentren hacia lo más profundo de nuestra existencia, que es simultáneamente lo más intrincado de la existencia humana, genéricamente hablando.

Es por esa razón que, te invito a formar parte de este amplio catálogo y de este irrefrenable contingente de seres humanos que reconocen a los demás, que se solidarizan y que sienten la necesidad de donarse con sus mejores armas y en la trinchera que sea necesaria.

Se desprende de todo lo reflexionado anteriormente que, para alcanzar muchas de nuestras metas vitales y para potenciar nuestro desarrollo individualizado al máximo de lo posible, se hace impostergable cuidar adecuadamente las relaciones que entablamos.

Debes aprender a cuidar tus relaciones y a partir de ahí, continuar creciendo sosteniblemente. Unas relaciones bien cuidadas, protegidas y mimadas, van a permitirnos en medida nada despreciable, avanzar, progresar y sentirnos equilibrados. Para ello es necesario dedicarles tiempo, mejorar las formas a través de las cuales concretamos las mismas y tan importante como ello, aprender permanentemente de lo que estas relaciones nos aportan.

Nuestro desarrollo personal está marcado por las relaciones que seamos capaces de concretar en nuestro día a día y consustancialmente a ello, por las incorporaciones que seamos capaces de permitirnos, mientras vamos siendo lo que somos en relación.

Nuestro desarrollo personalizado no se produce al margen de los vínculos que propulsamos con quienes nos rodean: vínculos de los cuales nos debemos alimentar y enriquecer, para continuar mejorándonos y actualizándonos.

ALEGRÍA Y RESILIENCIA

La alegría nos permite afrontar los infortunios que, en ocasiones, nos depara la vida y que también nos posibilita superar concientemente las barreras y los quebrantos que nos acompañarán en nuestro día a día; alegría a través de la cual podemos encontrarnos con nosotros mismos, resaltando nuestra predisposición favorable ante los sucesos vitales en los que nos vemos envueltos. La alegría es una de las cualidades y de las emociones positivas que remarcan y comparten las personas resilientes.

La alegría es, a su vez, una de las principales cualidades de las personas felices. También es un aspecto fundamental que comparten aquellos seres humanos inteligentes, que aprenden a ser alegres, porque a través de este sentimiento, explicitan su estado de ánimo favorable, haciendo frente a la vida desde una postura enriquecedora, aportativa, más y mejor humana.

Siendo de ese modo, se sienten más equilibradas y más a gusto con lo que son y también, con lo que hacen. Disfrutan y hacen disfrutar a los Otros, porque le inyectan energías vitales a sus acciones, las que acompañan simultáneamente de un plus de sentido, sabiduría y también, de buenas intenciones.

Existen personas que reflejan de forma casi permanente una sonrisa entre sus labios. Parece que pocas cosas le incomodan o enfadan; son comprensivos, flexibles, tolerantes, pacientes y sensibles. Tal pareciese que el estar alegres es su estado natural.

A ellos, pocas veces se les ve enfadados o irritables, casi siempre muestran una actitud constructiva ante la vida; en ellos y en ellas, prima el arco iris de colores, el vaso medio lleno y las luces iluminando, aunque detrás asomen sombras impertinentes que quieran hacer prevalecer la oscuridad.

Solo, en ocasiones, se acercan nubarrones a su cielo y cuando estos muestran su rostro más gris, saben cómo sacar a flote una respuesta alternativa, ilusionante y esperanzadora, que les permita dar un vuelco a la realidad y volverla a reorientar por los mejores cauces posibles. Eso es resiliencia.

Estas personas saben que vivir no es un juego sencillo, ni una simple historia de dibujos animados; son conscientes de que esta se conforma también por momentos y tramas complicadas, pero nunca pierden la confianza en sí mismas. Han aprendido que es importante la forma en que nos posicionamos ante las circunstancias externas; es importante dar expresión a lo mejor que nos conforma y en este proceso de configuración personal, apostar por la alegría puede resultar una sabia decisión. Las personas resilientes suelen hacerlo y bien que suelen hacerlo.

En cambio, existen otras personas que parecen no conocer lo que es sentirse alegres; apenas se les ve reír, pocas veces manifiestan o proyectan hacia el exterior su rostro más cercano y sus sentimientos más íntimos.

Cuando lo hacen, prevalece un comportamiento más bien retraído, un tanto desilusionante. Por tendencia general son reservadas, metidas hacia dentro de sí, irascibles y hasta hurañas. A ellas les cuesta mucho abrirse y dejarse penetrar por nuevas ideas o por nuevas lógicas. Viven demasiado metidas en su caparazón.

Existe de todo en la viña del señor, versa una común frase, pero nosotros apostamos por fomentar la alegría de(l) ser. La alegría de ser, que a la vez se convertirá en la alegría del ser, capaz este de dotar de dicho sentimiento a todo y cuanto le rodea. No es una apuesta vana, sino que vale la pena intentarla.

No nacemos siendo alegres o tristes. Vamos siendo alegres, o no, en el camino que recorremos, interiorizando, o no, determinados códigos, y asumiendo, o no, determinadas actitudes vitales. Nos convertimos en personas alegres, en la medida en que logramos desarrollar una actitud y una predisposición favorable, ante las circunstancias y ante los eventos de la vida en la que nos vemos envueltos.

En este sentido, el ser alegres se convierte también en una elección, aunque es verdad que toda decisión guarda tras de sí, determinadas claves, que no siempre resultan sencillas de determinar o de potenciar. No nacemos siendo alegres, pero si podemos hacernos y convertirnos en personas alegres; la alegría también se aprende, se practica, se estimula y se desarrolla.

Por eso es bueno codearnos y vincularnos sistemáticamente con personas que construyan, que gerencien buenas prácticas humanas y que transmitan alegría.

Es necesario dejarnos influir positivamente por individuos que nos creen un clima favorable, en torno y hacia la felicidad, por personas que nos generen un ambiente funcional al desarrollo personal, conectando este con el optimismo, con la positividad y con la realización personal.

La alegría es interior. Nace dentro de nosotras mismas, se experimenta en nuestro universo interno, pero solo alcanza su máxima expresión cuando la proyectamos, cuando la compartimos y cuando la disfrutamos con los demás (entiéndase compartir-la con esos seres significativos para nuestras vidas, personas relevantes para nosotros y para nosotras).

No se mal interpreten mis palabras, aunque se presten en algún sentido para resultar tergiversadas. Lo único que quiero decir es que, si bien la alegría es un estado emocional que se experimenta en nuestro interior y siempre en primera persona, cuando somos capaces de compartirlo sanamente, de reflejarlo y de contagiarlo, en el mejor de los sentidos, resulta gratificante no solo experimentar la alegría, sino también y fundamentalmente, contaminar con la misma.

Por supuesto que, para estar alegres, no es necesario que ventilemos por doquier nuestros sentimientos, pero si logramos irradiar a otras personas con ese estado de ánimo favorable que acompaña la alegría, de seguro que crearemos un ambiente y un clima donde prime la libertad, la reciprocidad y la tranquilidad psicológica. Es necesario encontrar la serenidad, la paz y la calma necesaria para, a partir de ahí, sembrar e irradiar alegría.

La alegría nos ayuda a encontrar el equilibrio necesario para ser: para ser mejores personas, para constituirnos en individuos más bondadosos y por qué no, en personas más inspiradoras.

La alegría es una respuesta que podemos manifestar los seres humanos, en cada una de nuestras acciones de vida cotidiana, o al menos, es una acción que podemos intentar desarrollar en cualquiera de nuestros actos.

Y ¿qué sería intentar ser alegres, con independencia de...?. Pues por supuesto que se pueden dar una infinidad de respuestas a esta interrogante, cada una de ellas válidas en algún sentido, pero prefiero hacer una acotación que, desde mi modesto punto de vista, se convierte en un elemento nuclear, para comprender dicho análisis.

Intentar ser alegre sería entonces, dotar cada uno de nuestros actos de una actitud y de un posicionamiento favorable en torno a la vida, hacer primar el entusiasmo, evocando la vitalidad y los sentimientos positivos, por sobre las carencias, por sobre la negatividad y también por sobre las limitaciones.

Por supuesto que, a lo largo de nuestra existencia, nos toparemos con momentos en que la vida nos golpeará, con eventos y con dramas extremos; instantes en los que será imposible que la alegría ocupe un sitio concreto o brote con su máxima naturalidad y esplendor, pero siempre podemos mostrar una predisposición favorable a las circunstancias que nos rodean, independientemente de. Eso es resiliencia.

Podemos practicar la alegría en nuestro día a día. Podemos dejarnos influir por la misma, a su vez que enriquecerla. Esta práctica de la alegría, en cada uno de nuestros actos humanos, se erige en un argumento necesario, no solo para que la vida alcance un sentido dignificador, sino también para que nuestro mundo (tanto interno como externo) se convierta en uno de los mejores espacios posibles, para encontrar eso que nos catapulte hacia una nueva y superior dimensión de la felicidad que, en gran medida, también es alegría expresada, recibida y experimentada.

Por eso les insto a practicar la alegría en cada una de nuestras acciones, en cada uno de nuestros suspiros y en cada una de nuestras emociones. Convirtámosla en agua constante de nuestros mares y en flujo permanente de nuestra vida. Invitémosla a formar parte de nuestro proyecto, de nuestra cotidianeidad y de nuestros posicionamientos existenciales; dejémosla entrar a nuestra alcoba y disfrutemos de/con ella.

Demos lo mejor que nos configura, a cada paso, de nuestra obra humana personalísima. Entreguémonos del mejor modo posible y con los recursos necesarios para ser. Hagamos de las buenas energías, de la positividad y de los valores, el mejor escenario y a la vez, el mejor camino a transitar. Vivamos alegremente la experiencia de ser humanos.

Muchas veces desarrollamos parcialmente nuestra existencia y expresamos fragmentadamente nuestra personalidad. Funcionamos como si estuviésemos atados a eslabones rígidos que nos inmovilizan, o incrustados a cadenas que nos impiden ser.

Muchas veces, parecemos estar esposados de nuestras manos, cual presos que no cuentan con la más mínima capacidad de expresar los necesarios márgenes de libertad, que nos permitirán seguir los senderos previstos.

Otras veces, colocamos al NO como uno de los estandartes de nuestra cotidianeidad y le cedemos nuestros códigos secretos a la negatividad que, en efecto, se encarga de desposeernos de nuestros mejores atributos y de nuestras cualidades más auténticas.

Eso de ser coherentes, no va muchas veces con nosotros. Ser auténticos, plenos, equilibrados y sacrificarnos desde dichos valores, pareciese constituir una exigencia demasiado elevada y una carga demasiado pesada, para nuestra forma de afrontar la vida e incluso, para nuestra manera de construir una identidad que, aunque pongamos en tela de juicio, siempre será enriquecible y necesariamente actualizable.

Muchas veces, no nos damos permisos para actuar en libertad. Tampoco, en ocasiones, nos damos permisos para resituarnos en el espacio de lo social y hacerlo de una forma constructiva. Nos negamos permanentemente.

Tampoco nos damos permiso para ser: para ser auténticos, para ser felices, para vivir la vida con sentido, ni tampoco para ser alegres. Y erramos, muchas veces hacemos justo lo contrario de lo que deberíamos hacer.

Deberíamos capacitarnos, formarnos, habilitarnos y darnos los permisos necesarios para transformarnos en una versión mejorada y actualizada de nuestro ser; ser que no me cabe la menor duda de que es también alegría, al menos en potencia.

Para continuar defendiendo la alegría y convertirla en compañía necesaria de nuestras vidas, no deberíamos hacernos partícipes de la apatía, del malestar, de la ansiedad o de la depresión. Tampoco tenemos que quedarnos irremediablemente sentados, esperando de forma pasiva a que del cielo caiga aquello que en principio creemos que nos podrá hacer felices o realizados. Nada ni nadie que no seamos nosotras mismas, nos garantizará alcanzar una vida satisfactoria, autorrealizada y feliz; las personas resilientes lo saben y por eso actúan del modo contrario: avanzan, emprenden, salen a buscar, construyen.

Podemos también elegir la alegría como forma de vida; podemos transformar la vida en alegría. Alegría cuando nos despertamos, alegría mientras nos comunicamos, alegría mientras vamos siendo...

Hay muchas personas que han decidido convertir la alegría en uno de los centros (de inspiración, de disfrute y de actuación) de sus vidas. Lo hacen porque esta les aporta, les enriquece, les gratifica y también, porque la alegría les equilibra. Entonces, ¿por qué no mirarnos en esos espejos?.